Carmen Schön · Karin Midwer

Die Feelgood-Methode für Frauen

Carmen Schön · Karin Midwer

Die Feelgood-Methode für Frauen

Mehr Ausgeglichenheit in Beruf
und Privatleben

Externe Links wurden bis zum Zeitpunkt der Drucklegung des
Buches geprüft. Auf etwaige Änderungen zu einem späteren Zeitpunkt
hat der Verlag keinen Einfluss. Eine Haftung des Verlags ist daher
ausgeschlossen.

Bibliographische Information der Deutschen Nationalbibliothek

Die Deutsche Nationalbibliothek verzeichnet diese Publikation in der
Deutschen Nationalbibliografie; detaillierte bibliografische Daten
sind im Internet über http://dnb.d-nb.de abrufbar.

ISBN 978-3-86936-839-9

Lektorat: Eva Gößwein, Berlin | www.textstudio-goesswein.de
Umschlaggestaltung: Martin Zech Design, Bremen | www.martinzech.de
Titelfoto: Jacob Lund | Fotolia
Titelfoto: Antonioguillem | Fotolia
Autorinnenfoto Carmen Schön: Ann Christine Krings
Autorinnenfoto Karin Midwer: Ansgar Pudenz
Satz und Layout: Lohse Design, Heppenheim | www.lohse-design.de
Druck und Bindung: Salzland Druck, Staßfurt

Printed in Germany

www.gabal-verlag.de
www.facebook.com/Gabalbuecher
www.twitter.com/gabalbuecher

Inhalt

Einführung:
Die Protagonistinnen

Wie zufrieden bin ich mit meinem Leben? Habe ich einen Job, der mir Freude macht und Kraft gibt? Lebe ich alle Werte, die mir wichtig sind? Und was macht meine Gesundheit? Diese und weitere Fragen stellen wir, die Autorinnen Carmen Schön und Karin Midwer, uns selbst und wir fragen uns, ob auch andere Frauen sich mit diesen Themen beschäftigen.

Nachdem wir mit einigen Frauen ins Gespräch gekommen waren, stellte sich heraus, dass auch für viele andere diese Fragen im Leben essenziell sind. So ist die Idee geboren, eine kleine Gruppe von Frauen unterschiedlichen Alters, mit verschiedenen Berufen und in unterschiedlichen Lebenssituationen zu bilden und diese über einen Zeitraum von mehreren Monaten hinweg zu begleiten. Insgesamt fand an vier Terminen ein jeweils sechsstündiges Coaching-Programm mit den Teilnehmerinnen statt. Dieses Buch gibt einen Einblick in den Ablauf dieser Sitzungen. Die Leserin kann so in gewisser Weise selbst den Sitzungen beiwohnen und von den Erfahrungen der Teilnehmerinnen lernen.

Unser Ziel ist es, einen Raum zu bieten, in dem jede Teilnehmerin – und jede Leserin – ihr persönliches Wohlfühlen im Leben reflektieren und definieren kann. An dieser Stelle möchten wir erwähnen, dass sich auch Männer die oben genannten Fragen stellen und (fast) alles in diesem Buch ebenfalls auf sie anwendbar ist. Wir, Carmen Schön und Karin Midwer, bringen als Gruppenleiterinnen unsere fachliche Expertise mit ein. Carmen Schön arbeitet seit zwölf Jahren als Managementberaterin, Karriere- und Erfolgs-Coach. Karin Midwer ist eine gefragte Kommunikationsexpertin, Stressmanagement- und Qigongtrainerin. Uns ist es wichtig, das

Wohlfühlen
ganzheitlich
betrachten

Thema „sich wohlfühlen" bzw. Feelgood ganzheitlich zu betrachten und sowohl den beruflichen als auch den privaten Kontext miteinzubeziehen.

Diesen Prozess möchten wir gerne mit Ihnen, liebe Leserin, lieber Leser, in diesem Buch teilen. Gleichzeitig bieten wir Ihnen an, bei den einzelnen Coaching-Einheiten selbst mitzumachen. Daher werden wir in jedem Kapitel einige Übungen vorstellen, die Sie einfach selbst durchführen können.

Die Protagonistinnen

Bevor wir mit den Coaching-Sitzungen starten, möchten wir Ihnen gerne unsere Teilnehmerinnen bzw. Protagonistinnen vorstellen. Es handelt sich dabei um fiktive Figuren, die aber stark von unseren Erfahrungen aus einem Gruppen-Coaching inspiriert sind, das tatsächlich stattgefunden hat.

Julia

Julia ist 29 Jahre alt und hat von dem Coaching-Programm durch ihre beste Freundin Sylvia erfahren, mit der sie einmal in der Woche abends einen Yogakurs in Hamburg-Winterhude besucht. Sport war Julia schon immer wichtig. Früher ging sie mindestens drei- bis viermal in der Woche ins Fitnessstudio. Seit einem Jahr, seit ihre kleine Tochter Lara auf der Welt ist, hat sich ihr Leben stark verändert. Neben der Arbeit – Julia ist nach sechs Monaten wieder in den Job eingestiegen – und dem Kind bleibt kaum noch Zeit für etwas anderes. Julia hat sich ein Kind sehr stark gewünscht, wenn auch nicht unbedingt zum jetzigen Zeitpunkt. Aber wann ist schon der passende Moment? Mit ihrem Ehemann Philipp, 35 Jahre, lebt sie in dem Hamburger Stadtteil Eppendorf in einer Drei-Zimmer-Altbauwohnung und die Schwiegereltern springen jederzeit ein, wenn Julia Unterstützung benötigt.

Julia ist eine attraktive Frau, die offensichtlich auf ihr Erscheinungsbild achtet: Sie ist groß und schlank, hat blondes, gut gefärbtes Haar und einen akkuraten Pagenschnitt. Beim ersten Termin trägt sie einen dunkelblauen, gut sitzenden Hosenanzug. Sie macht den Eindruck, als wäre Geld für sie kein Thema. Es scheint genug davon da zu sein. Ihr Auftreten lässt sich als bestimmt und selbstbewusst beschreiben. Ihre Körperhaltung und ihr Schritt sind klar und zielgerichtet. Einzig ihre Stimme verrät, dass möglicherweise etwas nicht ganz im Lot ist.

Julia spricht mit einer sehr hohen und schrillen Mädchenstimme. Es fällt einem etwas schwer, ihr zuzuhören, da die hohen Töne die Ohren strapazieren. Irgendwie klingt das auch nicht gesund. Es muss sie eine Menge Kraft und Anstrengung kosten, so zu sprechen. Auf die Frage, was sie beruflich macht, erzählt sie, dass sie nach einem dualen Wirtschaftsstudium in einer großen Versicherung angefangen hat. Sie war immer schon sehr ehrgeizig und konnte sich schnell beruflich hocharbeiten. Nach nur vier Jahren Betriebszugehörigkeit hat man ihr dann die Leitung des Gesundheitsmanagements angeboten. Das war für sie der erste große Erfolg. 12-Stunden-Tage waren bei ihr keine Seltenheit.

Dann lernte sie ihren jetzigen Mann Philipp im gleichen Unternehmen kennen. Philipp arbeitet im Vertrieb. Beiden war schnell klar, dass sie zusammengehören und irgendwann auch eine Familie gründen möchten. Julia hat sofort deutlich gemacht, dass für sie nur das Modell Karriere und Kind denkbar ist. Philipp ist gleich darauf eingegangen und empfand es als selbstverständlich, dass auch er sich bei der Kinderbetreuung mit einbringt.

Modell Kind und Karriere

Nach zwei Jahren Beziehung wurde Julia schwanger. Mit ihrem Chef sprach sie daraufhin ab, dass sie nur sechs Monate Babypause nehmen wolle und danach zurückkommen werde. Ihr Chef hielt ihr tatsächlich ihren Leitungsposten frei und Julia konnte nach nur sechs Monaten ihren Vollzeitjob wieder übernehmen. Welch ein Glück! Allerdings hat sie sich das Ganze etwas einfacher vorgestellt. Sie arbeitet zwar statt der zwölf jetzt nur noch acht bis neun Stunden täglich, zu Hause wartet dann aber ihre kleine Tochter, die sie zumindest abends noch eine Stunde sehen möchte. Aktuell hat Julia das Gefühl, sich total zu zerreißen. Und leider unterstützt sie Philipp dabei auch nicht so, wie er es ihr ursprünglich zugesagt hatte. Wenn die Schwiegereltern sie nicht so tatkräftig unterstützen würden, wäre der Alltag der Familie in dieser Form gar nicht möglich.

Erste Anzeichen von Erschöpfung Julia hat eigentlich für ein Coaching-Programm gar keine Zeit. Sie merkt aber, dass sie dringend etwas in ihrem Leben verändern muss. So kann es auf Dauer nicht weitergehen. Sie zeigt mittlerweile schon erste Anzeichen von Erschöpfung, dabei ist sie doch erst 29. Auch die Stimmung zu Hause hat sich durch den andauernden Stress deutlich verschlechtert. Julia möchte in dem Coaching für sich herausfinden, wie sie mit weniger Arbeitsstunden auskommen kann, entweder in ihrem jetzigen Job oder in einem anderen. Außerdem hat sie das Gefühl, dass ihre Arbeitsleistung nicht ausreichend wertgeschätzt wird. Sie stellt sich die Frage, wie sie sichtbarer werden kann, sodass auch von Kollegen gesehen wird, was sie alles für die Firma tut.

Nach dem Vorgespräch folgt zunächst eine Diskussion mit ihrem Ehemann. Drei Tage später sagt sie zu, an dem Programm regelmäßig teilzunehmen. Philipp wird während der Coaching-Sitzungen die Betreuung der kleinen Lara übernehmen.

Evgenia

Evgenia ist die Erste, die sich für das Coaching bewirbt. Nachts um 23.30 Uhr kommt eine E-Mail, in der sie kurz ihren Lebenslauf schildert und gleich darauf drängt, möglichst schnell mit dem Coaching-Prozess zu beginnen. Man fühlt sich von ihr schnell unter Druck gesetzt. Das wird sich später auch in der Gruppe immer wieder zeigen.

Zum Vorgespräch kommt sie 30 Minuten zu spät, da sie keinen Parkplatz für ihren Sportflitzer finden konnte. Das scheint ihr aber kaum unangenehm zu sein. Insgesamt vermittelt sie den Eindruck, dass sie erwartet, dass die Welt sich nach ihren Regeln dreht. Evgenia ist 35 Jahre alt, trägt kurze schwarze Haare, Jeans und eine sportlich-elegante Bluse. Sie scheint es gewohnt zu sein, im Mittelpunkt zu stehen. Ihr Schritt ist klar und dynamisch, sie wirkt überaus präsent. Probleme, sich karrieremäßig durchzuboxen, scheint diese Frau nicht zu haben, denkt man sofort. Irgendwie hat sie auch etwas sehr Kumpelhaftes an sich. Mit ihrem Charisma und ihrer Energie kann sie sicher schnell Menschen in ihren Bann ziehen.

Evgenia erzählt, dass sich ihre Partnerin vor fünf Jahren von ihr getrennt hat und sie seitdem Single ist. Sie lebt in München-Schwabing in einer Eigentumswohnung, die sie sich vor zwei Jahren gekauft hat. Eigentlich ist sie mit ihrem Leben ganz zufrieden, wenn da nicht immer wieder die typischen Männerspiele im Unternehmen wären, die es ihr fast unmöglich machen, in eine höhere Position aufzusteigen. Ursprünglich hat sie BWL studiert und kommt aus einer Unternehmerfamilie. Geld und Status sind ihr wichtig und sie möchte ihren hohen Lebensstandard weiterhin halten. Direkt nach ihrem Studium startete sie ihre Karriere bei einem renommierten Automobilkonzern in der Controlling-Abteilung. Da sie nicht aus München wegziehen wollte, pendelt sie. Sie glaubt, dass das einer der Gründe war, warum ihre Partnerin sich von ihr getrennt hat. Es blieb einfach zu wenig Zeit, um sich miteinander zu beschäftigen, zumal Evgenia an den Wochenenden nicht auf dem Sofa sitzt, sondern als Extremsportlerin in den Bergen klettert oder mit dem Mountainbike unterwegs ist. Eine Partnerschaft wäre für sie durchaus wieder erstrebenswert, aber deswegen kommt sie nicht zum Coaching.

Evgenia ist vielmehr beruflich etwas frustriert. Sie hat sich in den letzten Jahren neben dem Job in vielen Bereichen weiterentwickelt, unter anderem hat sie am High-Potential-Programm ihrer Firma teilgenommen. Ihren Chef konnte sie auch überreden, ihr einen einjährigen Managementlehrgang in St. Gallen zu finanzieren. Man kann sagen, Evgenia ist bestens ausgebildet. Im Gespräch wird aber deutlich, dass sie eines nicht so gut kann: zuhören und den Gesprächspartner aussprechen lassen. Es ist kaum möglich, einen Satz zu beenden, ohne dass sie unterbricht. Das macht die Unterhaltung mit ihr sehr anstrengend, was sie aber wenig zu stören scheint.

Auf die Frage, welches Ziel sie im Coaching verfolgt, gibt sie die folgende Antwort: „Ich habe jetzt einige Jahre sehr gute Ergebnisse in meinem Bereich erzielt. Mir wird immer wieder gesagt, dass ich das Zeug dazu habe, richtig Karriere zu machen. Aber irgendwie passiert einfach nichts. Nun habe ich auch einige Managementkurse absolviert. Aber auch das scheint nichts zu ändern. Mein Ziel ist ganz klar, mehr Geld zu verdienen und eine höhere Position bei meinem Arbeitgeber zu erhalten. Ich selbst habe gerade keine Idee, was ich noch machen kann, um das zu erreichen, und brauche Anregungen von außen. Das ist meine Erwartung an das Coaching."

Gaby

Mit Coachings, Trainings und Therapien kennt Gaby sich bestens aus. Die 43-jährige Mutter einer Teenager-Tochter investiert viel Geld in immer neue Hilfsangebote und lässt ihre ganze Umgebung an der jeweiligen Unterstützungsmaßnahme teilhaben. Gaby kann gut erzählen und nicht selten enden solche Freundinnen-Abende mit viel Prosecco und Gelächter – und einem furchtbaren Kater am nächsten Morgen. Manchmal kann Gaby dann nicht zur Arbeit gehen oder hält Termine nicht ein.

Das ist typisch für Gaby: Einerseits wünscht sie sich Hilfe, andererseits schafft sie es nicht, einen Weg konsequent zu verfolgen. Zu oft schon hat sie Hilfsangebote abgebrochen, ist einfach nicht mehr hingegangen. Irgendetwas scheint sie immer wieder davon abzuhalten, sich wirklich um sich selbst zu kümmern. Dabei ist sie mit so einigem in ihrem Leben unzufrieden. Wenn sie ehrlich ist, schämt sie sich für ihre Körperfülle, und sie würde so gern endlich ankommen – beruflich wie privat. Ihre letzte Beziehung ist schon lange her, und in den vergangenen Jahren hat sich kaum ein Mann für sie interessiert. Gaby bedauert das, doch andererseits fragt sie sich, ob sie überhaupt noch beziehungsfähig ist. Vielleicht ist es besser ohne Mann, denkt sie manchmal. Wenn nur nicht immer diese finanziellen Sorgen wären. Denn eigentlich genießt Gaby gern das Leben und begeistert sich für viele Dinge. Tochter Amelie ist genervt von der Unstrukturiertheit ihrer Mutter. Sie hasst die (Nach-)Lässigkeit, mit der Gaby sich durchs Leben hangelt. „Wie du wieder aussiehst! Schmink dich doch mal. Und deine Haare müssen auch nachgefärbt werden", klagt die Jugendliche des Öfteren.

Hangelt sich (nach-)lässig durchs Leben

Ihre Mutter ist ihr peinlich, das wird schnell deutlich. Während Amelie stets wie aus dem Ei gepellt wirkt, scheint sich Gaby an löcherigen Socken, herausgerissenen Säumen und schlabberigen Pullis überhaupt nicht zu stören. Darauf angesprochen, wird Gaby ein bisschen rot, fegt das Thema aber schnell vom Tisch. Sie habe halt nicht so viel Geld, und außerdem, für wen soll sie sich aufbrezeln? Ja, das liebe Geld: Dieses Thema begleitet Gaby, solange sie denken kann. Schon früh hat sie sich verschuldet, um ihre Ausbildung zur Physiotherapeutin bezahlen zu können. Später kamen weitere Lehrgänge hinzu. Denn nach wenigen Jahren im Beruf merkte sie, dass sie die körperliche Belastung kaum mehr schaffte. Sie machte dann Weiterbildungen im Wellness- und Esoterikbereich, bis sie schließlich Reiki für sich entdeckte.

Als selbstständige Reiki-Therapeutin ist ihr Einkommen sehr unregelmäßig. Die Arbeit macht ihr Spaß, und ihre Kunden lieben die unkonventionelle und fröhliche Art der Reiki-Meisterin. Um das Geschäft jedoch auf eine solide Basis zu stellen, würde sie deutlich mehr Klienten benötigen. Doch schon jetzt ist sie überfordert: Termine vereinbaren, zu den Kunden fahren, Rechnungen schreiben, dann die ganze Buchhaltung. Neulich ist auch noch der Computer kaputtgegangen, und sie müsste sich eigentlich dringend einen neuen besorgen. Aber dafür fehlt das Geld. So leiht sie sich den Laptop ihrer Tochter aus, die nur mit den Augen rollt und ihrer Volljährigkeit entgegenfiebert, um dem Chaos zu Hause zu entkommen. Manchmal bittet Gaby Freunde, ihr finanziell auszuhelfen. Und immer wieder nimmt sie Gelegenheitsjobs an: Sie backt Kuchen für ein Ökocafé, strickt für ein kleines Berliner Mode-Label und manchmal geht sie sogar putzen.

Tochter schenkt ihr ein Coaching Als sie an ihrem 43. Geburtstag nach einem schlecht bezahlten nächtlichen Putzjob morgens in ihrer Wohnung ankommt, hat Amelie bereits den Frühstückstisch gedeckt. Auf ihrem Teller liegen ein Schmink-Set und ein Gutschein. Darauf steht: „Mama, so geht es nicht mehr weiter. Du musst dein Leben in den Griff kriegen." Gaby ist überrascht und gerührt: Ihre Tochter hat ihr ein Coaching geschenkt! Von dem Geld, das sie mit Nachhilfestunden verdient. Verkehrte Welt. „Aber wirklich durchhalten diesmal, Mama!" Gaby verspricht es. Als Amelie das Haus verlassen hat, stellt sie sich vor den Badezimmerspiegel. Eine blasse, etwas schwammige, überanstrengte Frau blickt ihr entgegen. Gaby erschrickt: Wo ist die fröhliche, mitreißende Person geblieben, als die sie sich immer sah? Plötzlich fühlt sie sich ganz schön alt. Und ihr wird klar: Wenn sie wirklich etwas ändern will in ihrem Leben, dann ist es höchste Zeit, die Kurve zu kriegen. Sie greift zum Telefon und meldet sich zum Coaching an.

Marion

Marion erkundigt sich zunächst telefonisch über das Coaching-Programm. Am Telefon ist es schwierig, sie zu verstehen. Ihre Stimme klingt etwas belegt und sie spricht sehr leise und verschluckt den ein oder anderen Buchstaben. Man hat gleich das Gefühl, dass es ihr sehr unangenehm ist, sich zu zeigen.

Sie erzählt, dass sie etwas außerhalb der Stadt wohnt und daher schauen muss, ob sie es zeitlich einrichten kann, am Coaching teilzunehmen. Nach dem Telefonat erklärt sie sich aber bereit, erst einmal vorbeizukommen und in einem persönlichen Gespräch alles Weitere zu klären.

Zwei Tage später kommt sie vorbei. Dem ersten Eindruck nach wirkt Marion eher unscheinbar. Sie ist mittelgroß, etwas rundlich und scheint ihre Kleidung eher zweckmäßig zusammenzustellen. Einzig ihre rot gefärbten Haare passen nicht ganz zu ihrem Auftritt. Marion erzählt etwas über sich: Sie hat zwei erwachsene Kinder, die beide ausgezogen sind und in anderen Städten leben. Mit ihrem Mann, mit dem sie seit 25 Jahren zusammen ist, lebt sie am Stadtrand in einem gemieteten Reihenhaus. Alles gehe seinen Gang und sie sei nicht wirklich unzufrieden, erklärt sie, aber für sie sei jetzt die Zeit gekommen, für sich noch einmal etwas zu verändern. In den letzten 15 Jahren war sie sehr auf die Familie fixiert und hat alles dafür getan, dass sich ihr Ehemann und auch die Kinder zu Hause wohlfühlen. Damit war sie durchaus glücklich, aber jetzt möchte sie sich selbst mal wieder etwas Gutes tun.

Wirkt ziemlich unscheinbar

Sie ist noch etwas unsicher, ob sie in das Coaching-Programm passt, da sie die Vorstellung hat, dass alle anderen Teilnehmerinnen ihr überlegen sind. Ihr gehe es keineswegs vorrangig darum, mehr Geld zu verdienen, das macht sie noch einmal deutlich. Finanziell sind ihr Mann und sie abgesichert und stellen an das Leben auch keine sehr großen Ansprüche. Ein Karrierecoaching ist also nicht das, was ihr vorschwebt.

Auf die Frage, was genau denn ihr Ziel sei, antwortet sie: „Ich bin seit 25 Jahren Buchhalterin. Mein Arbeitgeber, mit dem ich mittlerweile auch privat gut befreundet bin, hat seine Firma am Stadtrand und beschäftigt 30 Mitarbeiter. Meine Arbeit hat mir immer Freude gemacht und ich mag es, lange für eine Firma zu arbeiten. Irgendwie ist es wie ein Stück Familie. Fast alle Kollegen sind dort seit 20 Jahren oder länger beschäftigt. Nachdem nun aber die

Kinder aus dem Haus sind und ihr eigenes Leben gestalten, merke ich, dass ich noch einmal durchstarten möchte. Irgendwie muss es doch noch mehr geben als das, was ich tue. Ich kann es noch gar nicht so richtig in Worte fassen, da mir selbst noch gar nicht klar ist, was genau ich ändern möchte. Aber ich merke, auch ich habe noch Träume, die gelebt werden wollen. Wie gesagt, ich glaube nicht, dass es bei mir um den großen Karriereschritt geht. Wenn das Coaching nur darauf ausgerichtet ist, dann bin ich hier falsch. Mich interessiert vielmehr, was ich außerhalb des Jobs für mich tun kann. Ich würde zum Beispiel gerne wieder mehr Sport machen, etwas mehr reisen oder mich karitativ einbringen. Irgendwie noch etwas Sinnvolles im Leben tun. Das wäre toll."

Marion merkt schon beim Sprechen, wie wichtig ihr die eigene Reflexion dieser Themen ist, und sie fängt fast an zu weinen. Es berührt sie sehr, endlich einmal die Zeit und den Raum zu bekommen, über ihre Wünsche und Träume zu sprechen. Man hat fast das Gefühl, dass sie ein wenig auflebt, lebendiger und fröhlicher wird. Ihre Mimik entspannt sich und insgesamt wirkt sie offener.

Nachdem Marion die Rahmenbedingungen des Coachings verstanden hat, sagt sie, dass sie das kurz mit ihrem Ehemann zu Hause besprechen möchte und gleich am nächsten Tag Bescheid geben wird, ob sie teilnimmt. Beschwingt verlässt sie den Raum. Am nächsten Tag kommt dann auch prompt eine Nachricht: Sie möchte gerne teilnehmen und freut sich sehr auf das Coaching.

Ana

Wenn Ana einen Raum betritt, sind ihr bewundernde, aber auch neidische Blicke sicher. Sie verkörpert in jeder Hinsicht ein Schönheitsideal: Sie ist schlank und hochgewachsen, hat naturblondes, weich fallendes Haar und eine ebenmäßige Haut und wirkt adrett und sehr gepflegt. Dass die gebürtige Ukrainerin bereits 53 Jahre alt ist, darauf würde wohl kaum jemand kommen. Sie hat eine beinahe jugendliche Ausstrahlung. Gern trägt sie Pastelltöne und figurbetonte, mit glänzenden Sternen und Herzen bedruckte Stoffe. Viel Schmuck klimpert an Hals und Handgelenken. Dazu passt ihre glockenhelle Mädchenstimme. Auch nach vielen Jahren in Deutschland ist er immer noch da, der ukrainische Akzent. Ana spricht viel, laut und ohne Punkt und Komma – oft, ohne genau durchdacht zu haben, was sie eigentlich sagen will. Und sie lacht viel, fast jeder Satz endet mit einem kleinen Kiekser. Manche finden das charmant, andere sind genervt von so viel raumgreifender Präsenz.

Ein gehobener Lebensstil ist Ana wichtig. Diesen zu halten, ist zurzeit ihre größte Sorge. Denn ihr Mann und sie leben in Scheidung. Nach über 20 Jahren Ehe hat er sie verlassen – für eine deutlich jüngere Frau. Mit seiner neuen Freundin will er noch einmal eine Familie gründen. Ana ist verletzt und wütend, aber aus Rücksicht auf ihre beiden Söhne hält sie sich zurück. Und kooperiert. Das große Einfamilienhaus am Stadtrand hat sie verlassen, lebt jetzt in einer kleinen Dreizimmerwohnung. Ein Abstieg in jeder Hinsicht – so empfindet sie es. Während sie mit ihrem Mann um Geld und Besitz streitet, macht sie sich Gedanken um ihre Zukunft: Was soll sie nur tun? Für ihre Familie hat Ana ihren Job sausen lassen, rund 20 Jahre hat sie nicht gearbeitet, sondern ihrem Mann den Rücken freigehalten und die Kinder großgezogen. In den alten Job zurück – das kommt für Ana nicht infrage.

> Eine Schönheit mit raumgreifender Präsenz

Doch sie will auch auf keinen Fall etwas an ihrem Lebensstil ändern, und dazu gehört ein gut gefülltes Bankkonto. Damals, in ihren Zwanzigern, hat sie als Hostess gejobbt. Und sie hat es geliebt: internationales Flair, Partys, Pomp, die große Freiheit. Ihr Ziel hatte sie immer vor Augen: um jeden Preis raus aus den beengten Verhältnissen, in die sie hineingeboren wurde. Ihr Traum wurde wahr. Am Rande eines internationalen Kongresses in Kiew sprach ihr späterer Mann Helmut sie an. Ana wusste: Das ist meine Chance. Sie umgarnte ihn, war für ihn da und ließ ihn nicht mehr los. Denn er konnte ihr bieten, wovon sie, wovon alle ihre Freundinnen träumten: Geld, Status, Familie, ein sorgenfreies, luxuriöses Leben. Als er sie wenige Monate später nach Deutschland holte und heiratete, war ihr Glück vollkommen. Endlich Prinzessin!

Kassensturz nach
der Scheidung

Aus der Traum: Jetzt ist erst mal Kassensturz angesagt, in jeder Hinsicht. Auf der Habenseite: Zu ihren Söhnen Nikias und Leander hat Ana eine gute Beziehung. Nikias wohnt noch im Elternhaus, Leander studiert in Heidelberg. Ana hofft, dass Nikias vielleicht doch zu ihr zieht. In ihrer Dreizimmerwohnung hat sie das größte Zimmer für ihn reserviert, als Gästezimmer hergerichtet. Jetzt, wo ihr Leben ihr entglitten ist, greift sie nach jedem Strohhalm. Doch das Nesthäkchen findet es ganz bequem bei seinem Vater und der neuen Frau, die kaum älter ist als er. Seine Mutter tut ihm zwar leid, aber er ist seinem Vater nicht böse. Ana findet das ungerecht, aber sie hütet sich, ihm Vorwürfe zu machen. Sie will ihren etwas verwöhnten Jüngsten nicht auch noch verlieren.

Ana hat zwar viele Bekannte durch das geschäftliche Umfeld ihres Noch-Ehemannes, der als Manager in einem Energiekonzern arbeitet, aber keine beste Freundin. Aufgrund ihres stets makellosen Aussehens und ihrer immer etwas überdrehten Art erleben andere Frauen sie oft als Konkurrenz. So empfindet sie es zumindest. Und die Bekannten ihres Mannes solidarisieren sich mit ihm und nicht mit ihr. Da ist ein großer sozialer Rahmen weggebrochen. Verständlicherweise fühlt Ana sich sehr allein.

Glück im Unglück: Gerade hat sich eine alte Bekannte aus früheren Tagen zurückgemeldet. Sie weiß, was es bedeutet, plötzlich allein dazustehen. Lucia ist verwitwet und hat vor einigen Jahren noch einmal ganz von vorn angefangen. Heute betreibt sie recht erfolgreich ein Kosmetikstudio. Sie spricht Ana Mut zu und will ihr unter die Arme greifen. Als Geschäftsfrau weiß sie, dass Ana in ihrem Alter und mit ihrem gepflegten Aussehen ein Aushängeschild für ihren Salon wäre. „Was meinst du, kannst du dir vorstellen, mir ein, zwei Tage die Woche im Studio zu assistieren?", fragt sie sie. Viel bezahlen kann Lucia nicht, aber es wäre ein Anfang. Und Ana käme unter Leute. Spontan sagt sie zu.

Karriere oder Privatleben – eine Standort- bestimmung

TAG

1

Wie stabil ist das Fundament, auf das ich mein Leben gründe? Wie stark ausgeprägt sind die einzelnen Säulen meines Lebenshauses? Fühle ich mich wohl mit der Gewichtung – oder kann ich mein Lebenshaus (noch) besser aufstellen? Anpassungsleistungen können viel oder wenig Stress bedeuten. Ob das gut oder nicht so gut ist und wie es gelingen kann, sich den täglichen Herausforderungen selbstbewusst zu stellen, darum geht es im Folgenden.

In welchem Lebenshaus fühlen Sie sich wohl?

Die Gruppe steht! Vier Wochen nach den Einzelgesprächen findet das erste Treffen mit allen fünf Frauen in Hamburg statt. Damit sich alle Teilnehmerinnen Zeit nehmen können, haben wir einen Samstagstermin von 9 bis 15 Uhr gewählt. Um das Arbeiten an der eigenen Veränderung zu erleichtern, waren wir auch bei der Auswahl des Raumes kreativ: Wir treffen uns im Denkraum der Brainery – Ideen fürs Leben (ehemals: Modern Life School) in Hamburg.

Pünktlich um 8.50 Uhr trudeln alle Teilnehmerinnen ein und es gibt zur Einstimmung erst einmal Kaffee und Tee. Es wird deutlich, dass alle etwas angespannt sind. Kein Wunder, geht es hier doch für jede um die Gestaltung ihrer eigenen Zukunft. Außerdem stellt sich jede sicher die Frage, wie viel sie von sich selbst preisgeben möchte, denn schließlich kennen sich die Frauen noch gar nicht. Wir starten mit einer kleinen Vorstellungsrunde und schon jetzt wird klar, wie unterschiedlich die Lebensentwürfe und Charaktere der Teilnehmerinnen sind. Dennoch kommt schnell eine gute und vertrauensvolle Atmosphäre zustande. Das freut uns Coaches sehr, denn letztlich können auch wir immer nur darauf hoffen und vertrauen, dass die Gruppe in der bestehenden Konstellation gut arbeitsfähig ist.

Das Workshop-Konzept Wir Coaches stellen uns den Teilnehmerinnen vor und präsentieren das Workshop-Konzept. Es sollen insgesamt vier sechsstündige Treffen stattfinden, und zwar zeitversetzt um ca. vier Wochen, damit jede Teilnehmerin die Möglichkeit hat, das Erlernte aus dem jeweiligen Workshop umzusetzen und in Ruhe zu reflektieren. Jedes Treffen wird sich mit einem anderen Thema beschäftigen. Karin Midwer wird alle Lebensstil-Themen wie optimale Ernährung, Bewegung, Atmung, Widerstandskraft und guter Schlaf vermitteln und Übungen zum aktiven Erholungsmanagement anleiten. Carmen Schön wird den Bereich Strategie- und Karriereplanung übernehmen.

Bei jedem Treffen sollen beide Themenkomplexe angesprochen werden, sodass die Teilnehmerinnen immer auf verschiedenen Ebenen eine Inspiration mitnehmen können. Wir machen aber schon jetzt deutlich, dass wir im Rahmen eines solchen Coachings nur die Plattform und Anregungen für alle bieten können. Veränderungen vornehmen und den Weg beschreiten muss dann jede Teilnehmerin selbst.

Das Lebenshaus Für den ersten Teil des ersten Workshops haben wir uns das „Lebenshaus" vorgenommen. Ein großes Wort, hinter dem sich die folgende Idee verbirgt: Jeder von uns hat sein ganz individuelles Lebenshaus, das aus den folgenden Säulen besteht:

- Soziale Beziehungen/Familie
- Gesundheit/Körper
- Job/Berufliches Umfeld
- Einkommen/Finanzen
- Hobbys/Zeit für mich

Was bedeuten die Säulen im Einzelnen?

Soziale Beziehungen/Familie bezeichnet die privaten Kontakte, die wir regelmäßig pflegen: Lebenspartner, Ehepartner, Kinder, Eltern und das Leben mit Hunden oder Katzen sind damit ebenso gemeint wie gute und enge Freunde, mit denen wir Zeit verbringen.

Gesundheit/Körper betrifft die Frage, wie wohl und fit wir uns mental, aber auch körperlich fühlen und was genau wir dafür tun. Aktivierung, Stress und Bewältigungsstrategien sind hierzu nur einige Stichworte, auf die wir immer wieder eingehen werden.

Job/Berufliches Umfeld beschreibt den Beruf, den wir ausüben, aber auch das Unternehmen, in dem wir arbeiten, samt seiner Unternehmenskultur.

Einkommen/Finanzen bezieht sich auf das Gehalt und andere Einnahmequellen. Diese lassen sich als Mittel zum Zweck betrachten. Geld ermöglicht es uns, das Leben so zu gestalten, wie wir es gerne möchten.

Hobbies/Zeit für mich ist der letzte Bereich und steht für die Zeit, die wir uns nehmen, um Dinge zu tun, durch die wir uns gut fühlen. Das kann Sport sein, vielleicht aber auch etwas Kreatives, etwas Musisches etc.

Idee und Ziel der Lebenshaus-Übung ist es, dass jede Teilnehmerin sich einmal darüber Gedanken macht, wie ihre aktuellen Lebenssäulen aussehen und ob sie sich mit der aktuellen Gewichtung der Lebensbereiche wohlfühlt. Daran schließt sich die Frage an, was

Gewichtung der Säulen reflektieren

eventuell an der Gewichtung der Lebenssäulen verändert werden sollte, um ein noch größeres Gefühl der Stimmigkeit zu erreichen. Wir stellen das Modell in der Gruppe kurz vor:

Ein ausgewogenes Lebenshaus

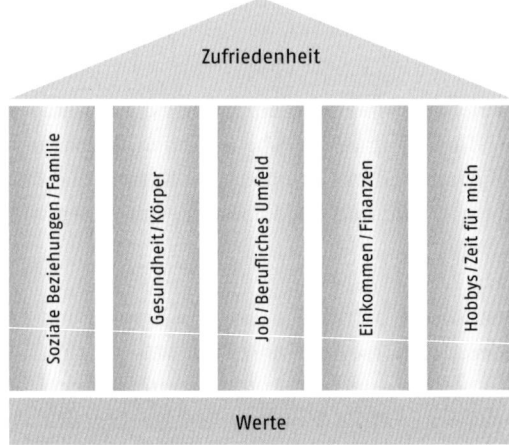

Unsere Annahme ist es, dass die persönliche Zufriedenheit eines Menschen sich immer dann einstellt, wenn die unterschiedlichen Lebenssäulen ausgewogen sind oder bewusst die ein oder andere Säule bzw. der ein oder andere Lebensbereich stärker gewichtet wird. Die Bezeichnungen der Lebenssäulen sind durchaus veränderbar. Wir schlagen den Teilnehmerinnen vor, sich nicht statisch an diese Begriffe zu halten, wenn sie einen anderen guten Begriff dafür finden. Wichtig ist nur, den Sinn und die Aussage jedes Bereiches beizubehalten.

Istzustand

Wir bitten die Teilnehmerinnen, sich in einer Einzelarbeit 45 Minuten Zeit zu nehmen und die eigenen Lebenssäulen im Ist- und auch Sollzustand auf einem Blatt Papier zu skizzieren. Der Istzustand veranschaulicht, wie genau sich heute die einzelnen Bereiche für die Person darstellen. Wieviel Zeit, Raum und Aufmerksamkeit wird dem jeweiligen Bereich aktuell geschenkt?

Beim Sollzustand geht es darum, sich auf einem separaten Blatt Sollzustand zu notieren, wie genau aus der Sicht jeder Teilnehmerin eine gute Gewichtung und Verteilung der Bereiche aussehen sollte. Diese Gewichtung der Säulen soll dabei durch ihre Breite dargestellt werden.

Das Lebenshaus

Während unsere Teilnehmerinnen sich dieser Aufgabe stellen, möchten wir auch Sie bitten, sich einmal Gedanken über Ihr Lebenshaus zu machen. Suchen Sie sich für diese Übung einen gemütlichen Platz, an dem Sie Ruhe haben, und geben Sie sich so viel Zeit wie möglich. Sie müssen im Gegensatz zu unseren Teilnehmerinnen nicht in 45 Minuten mit der Aufgabe fertig sein. Vielleicht möchten Sie auch an unterschiedlichen Tagen daran arbeiten und zwischendurch das Ergebnis immer mal wieder betrachten und sacken lassen, auch das ist selbstverständlich erlaubt. Die Erfahrung zeigt, dass viele für diese Übung ein bis zwei Stunden brauchen. Wenn es passt, dann hören Sie dabei doch entspannende Musik und trinken einen leckeren Kaffee oder Tee.

Reflektieren Sie nun genau, was Ihnen in Ihrem Leben wichtig ist, in welchen Bereichen Sie bereits zufrieden sind und wo sich dringend etwas verändern sollte. Nehmen Sie sich zwei Blatt weißes Papier und einen Stift. Fangen Sie auf dem ersten Blatt an, ihre aktuelle Lebenssituation zu skizzieren. Orientieren Sie sich dabei bitte an den fünf genannten Lebenssäulen:
- Soziale Beziehungen/Familie
- Gesundheit/Körper
- Job/Berufliches Umfeld
- Einkommen/Finanzen
- Hobbys/Zeit für mich

Zeichnen Sie die Säulen so breit, wie sie aktuell in Ihrem Leben ausgeprägt sind. Welche Säulen leben Sie und welche nicht? Schauen

Sie sich dann das Ergebnis an und reflektieren Sie das Bild noch einmal in Ruhe. Möglicherweise zeigen Sie es Ihrem Partner oder guten Freunden und holen sich deren Feedback dazu ein.

Nehmen Sie nun das zweite Blatt und zeichnen Sie auf diesem Ihre Lebenssäulen so ein, wie Sie sie sich wünschen. Möglicherweise sind Sie mit der Verteilung Ihrer aktuellen Lebensbereiche zufrieden, dann wird dieses Bild dem ersten gleichen. Vielleicht gibt es aber einen Bereich, denn Sie verändern möchten, dann sollten Sie diese Veränderung der Säulen im Bild darstellen. Auch dieses Ergebnis können Sie wieder – wenn Sie möchten – mit anderen teilen.

Die spannende Frage lautet nun: Was genau werden Sie tun, um die eine oder andere Lebenssäule zu verändern (zu verkleinern oder zu vergrößern)? Wenn Sie hierzu schon erste Ideen haben, dann sollten Sie sich diese notieren.

Konzentration und Selbstreflexion

An der Mimik jeder einzelnen Teilnehmerin erkennen wir, dass es hier um ein ganz zentrales Thema im Leben geht. Die Übung scheint auch für alle neu zu sein. Man kann die Konzentration im Raum förmlich spüren. Jede Teilnehmerin sucht sich einen ruhigen Platz und beginnt mit der Arbeit. Es scheint so, dass es den meisten gar nicht so schwerfällt, sich mit dieser Übung zu beschäftigen. Schnell entstehen die ersten Säulenbilder. Nachdem jede Teilnehmerin ihr eigenes Lebenshaus erstellt hat, setzen sich zwei oder drei Frauen zusammen und stellen sich gegenseitig ihr Bild vor. Dabei geht es darum, sich durch das Sprechen und die Vorstellung des Bildes selbst zu reflektieren. Die anderen Frauen dürfen nachfragen oder auch auf mögliche Unstimmigkeiten aufmerksam machen.

Danach setzen wir uns wieder in der großen Gruppe zusammen und jede Teilnehmerin fasst noch einmal ihre wichtigsten Erkenntnisse aus dieser Übung für die anderen zusammen.

Julias Lebenshaus

Als Erste meldet sich Julia zu Wort und möchte ihr Ergebnis in der Gruppe vorstellen. Sie sagt, ihr habe die Übung viel Spaß gemacht. Das Haus zu zeichnen, sei letztlich weniger schwer gewesen, als sie ursprünglich gedacht hatte. Sie findet es sehr gut, die Themen einmal als Bild ganz plastisch vor Augen zu haben. Das helfe ihr mehr, als nur darüber zu sprechen. Julias Lebenshaus sieht folgendermaßen aus:

Zufriedenheit

- Soziale Beziehungen / Familie
- Gesundheit / Körper
- Job / Berufliches Umfeld
- Einkommen / Finanzen
- Hobbys / Zeit für mich

Werte

Julias Lebenshaus im Istzustand

Es gibt zwei Säulen, die bei ihr aktuell am stärksten ausgeprägt sind. Diese Säulen bzw. Lebensbereiche heißen „Familie" und „Job". Der Bereich „Finanzen" schließt sich als dritter an, da sie ganz gut verdient. Nur dünne Striche sind aktuell in ihrem Leben jedoch die Bereiche „Gesundheit/Körper" und „Hobbys/ Zeit für mich". Sich wie früher abends nach der Arbeit oder am Wochenende mal mit den Mädels treffen, sei überhaupt nicht mehr möglich.

Kopf statt Herz Sie versucht, das Ganze positiv zu deuten, und man spürt deutlich, dass gerade vor allem ihr Kopf und weniger ihr Herz spricht. Es fallen Sätze wie „Das Ergebnis ist doch logisch", „Anders kann es zurzeit gar nicht sein", „Jede Frau hätte in meiner Situation das gleiche Ergebnis". Auf die Rückfrage, wie ihr Zielbild aussehe, antwortet sie, dieses sehe genauso aus. Ihre aktuelle Lebenssituation gebe einfach nichts anderes her. Man spürt, dass eine leichte Unzufriedenheit sich in der Gruppe ausbreitet und dass die anderen Frauen gerne etwas dazu sagen würden.

Auf die Frage, ob sie sich mit der aktuellen Gewichtung ihrer Lebensbereiche – fern ab jeder Vernunft – denn wohlfühle, schweigt sie längere Zeit. Man merkt ihr an, dass sie sich selbst noch gar nicht die Freiheit genommen hat, ihre aktuelle Situation infrage zu stellen und zu kritisieren. Sie scheint sehr rational an diese Aufgabe herangegangen zu sein. Bisher hat sie sich nicht zugestanden, ein Gegenmodell zu entwerfen. Eine andere Teilnehmerin schlägt ihr vor, auf einem separaten Blatt Papier einmal ihre Wunschverteilung ihrer Lebenssäulen zu skizzieren. Julia lässt sich gleich darauf ein und zeichnet ein weiteres Bild:

Julias Lebenshaus im Sollzustand

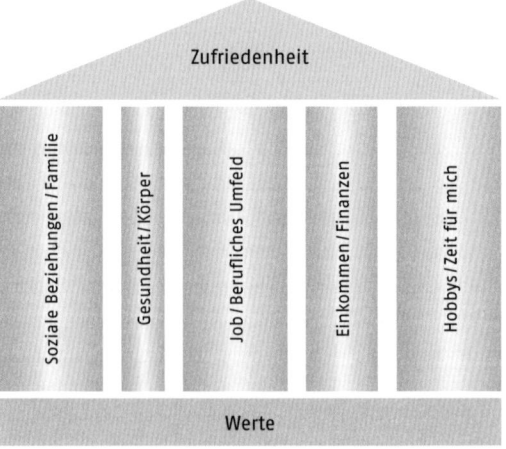

Im Sollzustand sehen Julias Lebenssäulen dann doch etwas anders aus. Während sie ihr Bild allen vorstellt, äußert sie sich wie folgt: „Vielleicht bin ich naiv oder einfach nur undankbar. Aber irgendwie habe ich mir die ganze Situation einfacher vorgestellt. Ich kann meinem Mann nicht wirklich einen Vorwurf machen, da er selbst hart arbeitet und alles versucht, was möglich ist, um mich zu unterstützen. Letztlich kann er aber kaum etwas einbringen. Moderne Rollenverteilung hin oder her, letzten Endes bleibt es doch wieder an mir als Mutter hängen. Ich habe zwar meine Schwiegereltern im Hintergrund, doch auch die können mir nicht viel abnehmen.

Moderne Rollenverteilung?

Natürlich könnte ich mich auch dafür entscheiden, im Job erst einmal auszusetzen. Mein Mann hat nichts dagegen. Doch mit dem Kind zu Hause zu sein, macht mich einfach nicht glücklich. Ich liebe meine Tochter, brauche aber mehr, als mich mit anderen Müttern über Windeln, Zahnen und Kindererziehung zu unterhalten. Das, was mich aktuell am meisten stört, ist, dass ich nichts richtig machen kann. Ich hetze den ganzen Tag von der einen zur anderen Aufgabe und kann nichts zu Ende bringen. Und das macht mir wirklich zu schaffen, gerade weil ich jemand bin, der gerne alles perfekt macht.

Nichts richtig machen können

Abends würde ich total gerne mal wieder Freunde treffen oder zum Sport gehen, das habe ich dringend nötig. Aber auch wenn mein Mann mir anbietet, die Kleine zu betreuen, habe ich abends einfach keine Power mehr. Ich bin dann total erschöpft und schlafe schon um 20 Uhr auf dem Sofa ein. Das macht mich total unzufrieden.

Vielleicht sollte ich doch einmal darüber nachdenken, meine Arbeitszeit auf 70 bis 80 Prozent zu reduzieren und die gewonnene Zeit für mich einzusetzen. Auf der anderen Seite habe ich die Befürchtung, dass mein Chef mich dann nicht mehr für weitere Karriereoptionen im Blick hat. Er hat sich zwar bislang sehr gut verhalten und mich gefördert, aber vielleicht nur deswegen, weil ich ihm auch entgegengekommen bin und wieder Vollzeit arbeite.

Auf meinem Wunschbild sind also die Säulen ‚Familie‘, ‚Job‘ und ‚Zeit für mich‘ gleich stark ausgeprägt. Ich muss zu Hause noch einmal darüber nachdenken, ob ich mir dieses Ziel tatsächlich setzen möchte. Aber im Moment fühlt es sich so an, als wenn mich das zufriedener machen würde.“

Während Julia erzählt, nicken fast alle Teilnehmerinnen hin und wieder zustimmend mit dem Kopf. Diejenigen Frauen, die selbst Mütter sind, scheinen diese Themen nur zu gut zu kennen. Möglicherweise ergibt sich nach dem heutigen Coaching für Julia noch der ein oder andere Austausch mit den anderen, die ihr von ihren Erfahrungen berichten können.

Evgenias Lebenshaus

Als Nächste stellt Evgenia ihr Säulenbild vor. Es ist schon sehr interessant, in welch unterschiedlicher Form jede Teilnehmerin ihr Ergebnis vorträgt. Evgenia hält sich mit der Vorstellung des aktuellen Zustandes nicht lange auf, sondern möchte gerne sofort über die Veränderung sprechen. Wir stoppen sie kurz und bitten sie, uns trotzdem kurz die aktuellen Lebensbereiche in ihrer Ausprägung zu schildern.

Evgenias
Lebenshaus
im Istzustand

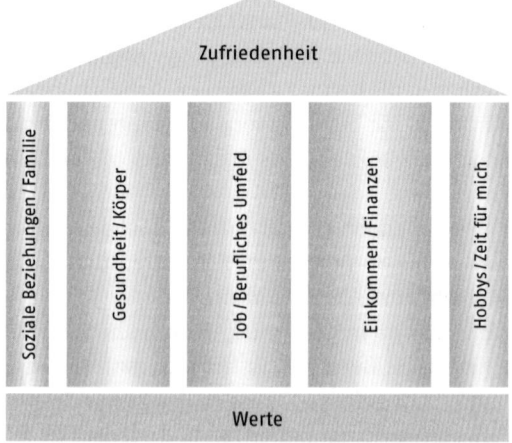

Evgenia äußert sich wie folgt: „Die Säulen Job und Finanzen sind Job hat Priorität für mich sehr wichtig und zurzeit läuft es damit eigentlich auch ganz gut. An der Job-Säule würde ich hier im Coaching aber sehr gerne noch weiterarbeiten. Ich habe ja schon erzählt, dass ich gerne den nächsten Karriereschritt machen möchte, und ich brauche eine Idee, was genau ich dafür tun sollte."

Gleich danach kommt für sie der Bereich Körper. Da sie mehrere Extremsportarten ausübt, fühlt sie sich sehr fit. Den Sport bezeichnet sie auch als ihr Hobby. Dann wird sie etwas verhalten und man merkt, dass sie versucht, den nächsten Punkt schnell zu überspringen: „In Beziehungen investiere ich aktuell nicht so viel Zeit, ich bin gerade auch nicht gebunden, fühle mich aber eigentlich nicht einsam. Momentan passt es für mich so, wie es ist, und ich glaube, dass dieser Bereich für mich auch erst einmal schwächer ausgeprägt sein darf. Alles auf einmal geht nicht." Als Zuhörer haben wir das Gefühl, dass aus ihr mehr die Vernunft als das Herz spricht. Evgenia zeigt nun ihr Zielbild und man bemerkt, dass sich die Lebenssäulen gar nicht verändert haben.

Sie kommentiert den dargestellten Sollzustand wie folgt: „Eigentlich bin ich mit meinem Leben ganz zufrieden, aber ich würde gerne daran arbeiten, meine Job-Säule noch etwas auszubauen. Damit meine ich aber nicht den zeitlichen Aspekt. Denn ich bin schon jetzt permanent im Job, da geht nichts mehr. Vielmehr meine ich die aktuelle, bereits geschilderte Situation: Ich möchte für mich erarbeiten, wie genau ich den nächsten Karriereschritt angehen sollte, und herausfinden, was ich aktiv dafür tun kann. Wenn es darüber hinaus noch ein paar Beziehungstipps gibt, nehme ich diese aber auch sehr gerne mit." Beim letzten Satz zwinkert sie in die Runde und man bemerkt, dass sie das Thema beschäftigt, dass sie es zurzeit aber noch nicht einbringen möchte.

Beziehungs-
tipps sind
willkommen

Gabys Lebenshaus

Gaby schildert zunächst ihre Probleme mit dieser Übung. An sich findet sie diese zwar sehr gut, sie hat aber bemerkt, dass es ihr schwerfällt, ihre Lebenssäulen zu skizzieren. Sie hätte sich für die Übung mehr Zeit gewünscht und nimmt sich vor, sich an dem kommenden Wochenende mit einer Tasse Tee und mehr Muße dieser Aufgabe noch einmal in Ruhe zu widmen.

Bei der Vorstellung ihrer Ergebnisse lächelt sie und teilt der Gruppe mit, dass sie ganz erstaunt ist, wie stark sich ihr Lebenshaus gerade von Evgenias Bild unterscheidet. Das meine sie keineswegs als Vorwurf, betont sie, sondern eher als interessante Erkenntnis: Offensichtlich haben Menschen doch sehr unterschiedliche Vorstellungen von einem guten Leben.

Gabys Lebenshaus
im Istzustand

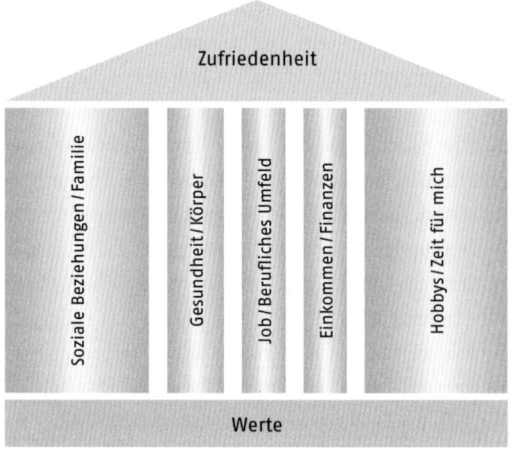

Gaby stellt ihre Lebenssäulen vor. Die Säulen „Zeit für mich" und „soziale Beziehungen" sind bei ihr stark ausgeprägt. Damit ist sie auch sehr zufrieden und sie hat das Gefühl, dass dieses Ergebnis auch sehr ihre Werte widerspiegelt. Auch wenn Gaby aktuell keinen Partner hat, fühlt sie sich in ihrem großen Freundeskreis sehr gut aufgehoben. Das Geld sei monatlich zwar sehr knapp, aber die Zeit mit ihrer Familie und ihren Freunden genieße sie trotzdem sehr. Dann stellt sie sich selbst laut die Frage, ob sie weiterhin so leben könne, wenn sie sich nun mehr um den beruflichen Bereich kümmere.

Davor, so sagt sie, graue ihr. Sie habe Angst, dass sie den Anforderungen des Marktes nicht gerecht werden könne. Dünne Striche sind in Gabys aktueller Lebenssituation die Säulen „Finanzen" und „Job". Das seien die Bereiche, in denen sie momentan unglücklich sei und wo sich etwas verändern müsse. Allerdings hofft sie, dass dies nicht zulasten der anderen Lebenssäulen geht, denn ihre freie Zeit und die Gespräche und Aktivitäten mit ihren Freunden genießt sie sehr und möchte sie auch in Zukunft nicht missen. Der Bereich Gesundheit befindet sich dazwischen: Sie fühle sich nicht krank, könnte aber deutlich mehr für ihren Körper und ihre Gesundheit tun, das gesteht sie gerne ein.

Problembereiche:
Job und Finanzen

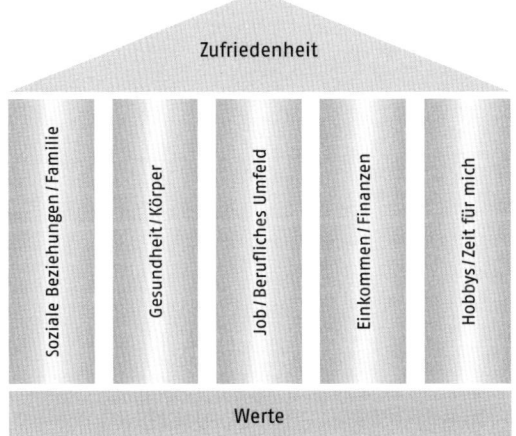

Gabys Lebenshaus
im Sollzustand

Das Zielbild von Gaby ist klar: Das Einkommen soll deutlich steigen und sie wünscht sich einen Job, der ihren Intellekt, aber auch ihr Sicherheitsbedürfnis bedient. Ihr Lebenshaus im Sollzustand hat daher fünf ausgewogene Säulen. Gaby möchte „jetzt sofort" alles in ihrem Leben mitnehmen und genießen. Lediglich der Plan fehle ihr aktuell noch – aber dafür sei sie ja nun in der Coaching-Runde. Sie lächelt dabei uns beide, die Coaches, an. Denn natürlich weiß sie, dass ihr keiner die eigentliche Arbeit abnehmen kann und wird.

Marions Lebenshaus

Marion meldet sich als Nächstes. Sie ist bei der Vorstellung ihres Lebenshauses etwas leise und unsicher.

Marions
Lebenshaus
im Istzustand

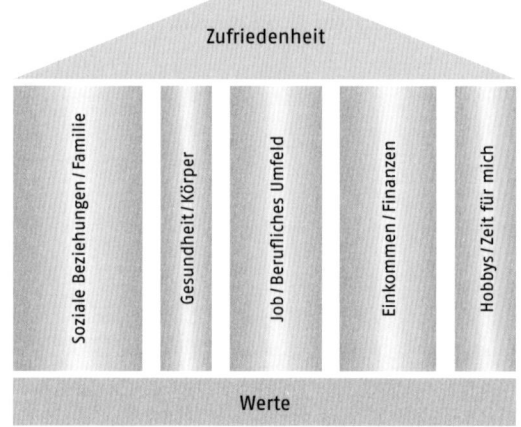

Irgendetwas
möchte sie
ändern

Sie berichtet, dass ihr noch nicht so klar sei, an welchen Lebenssäulen sie mit ihrem Veränderungswunsch ansetzen solle. Der Bereich Job sei okay und dürfe auch so bleiben. Auch die Familie und die Finanzen würden weitestgehend stimmen. Möglicherweise lohne es sich für sie, die Lebensbereiche „Zeit für mich" und „Gesundheit" näher zu betrachten. Irgendwie möchte sie etwas für sich verändern. Aktuell hat sie aber noch gar keine Idee, was genau sie mit mehr Zeit für sich selbst anfangen könnte, um zufriedener zu sein.

Sie bringt das wie folgt zum Ausdruck: „Nachdem ich euch zugehört habe, bin ich irgendwie gerade etwas neidisch auf euch. Das hört sich jetzt vielleicht etwas seltsam an, aber ich merke, ihr habt wenigstens eine klare Vorstellung davon, was euch in eurem Leben nicht passt. Bei mir ist das etwas anders. Eigentlich habe ich gar keinen konkreten Anlass, mich zu beschweren. Alles ist irgendwie gut. Aber auch nicht wirklich toll. Vielleicht bin ich einfach nur verrückt und weiß es gar nicht zu schätzen, wie gut es mir geht. Oder was meint ihr? Doch irgendwie macht sich in mir so ein Gefühl breit, dass ich so auf Dauer nicht weiterleben möchte. Irgendwie ist alles langweilig, immer der gleiche Trott. Wenn ich ehrlich bin, wünsche ich mir noch einmal etwas mehr Abenteuer und Aufregung in meinem Leben." Die meisten Teilnehmerinnen nicken ihr aufmunternd zu und einige bestärken sie in ihrem Wunsch.

Trotzdem stellen wir Marion auch die Frage, wie denn dann der Sollzustand ihres Lebenshauses aussehen würde. Sie kann davon jedoch kein Bild zeigen. Sie sei zurzeit einfach nicht in der Lage, uns eine Antwort darauf zu geben, und würde sich gerne bis zu unserem nächsten Treffen Zeit nehmen. **Noch kein klares Zielbild**

Anas Lebenshaus

Mit der Zusammenfassung ihres Lebenshauses beendet Ana die erste Übung. Dabei gewinnt man den Eindruck, dass sie diese Übung nicht ganz ernst nimmt und schneller vorankommen möchte. Möglicherweise hat sie sich konkrete, handfeste Tipps erhofft, um im Job schneller Erfolg zu haben. An dieser Form der Selbstreflexion scheint sie weniger interessiert zu sein. Aber immerhin, sie hat sich trotzdem auf diese Übung eingelassen und stellt ihre Ergebnisse vor.

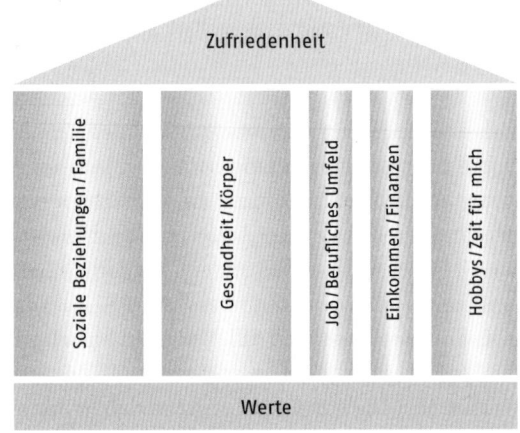

Anas Lebenshaus
im Istzustand

Für Ana steht aktuell der Bereich „Familie" noch sehr im Fokus.
Sie bekräftigt, dass sie ihre Kinder liebt. Es sei für sie immer wichtig gewesen, für die beiden uneingeschränkt da zu sein. Nun seien
sie aber fast erwachsen, und Ana möchte sich gerne auch wieder
auf andere Themen konzentrieren. Der Bereich „Körper" ist bei ihr
auch sehr präsent. Gutes Aussehen hält Ana für eines der wichtigsten Erfolgskriterien im Job.

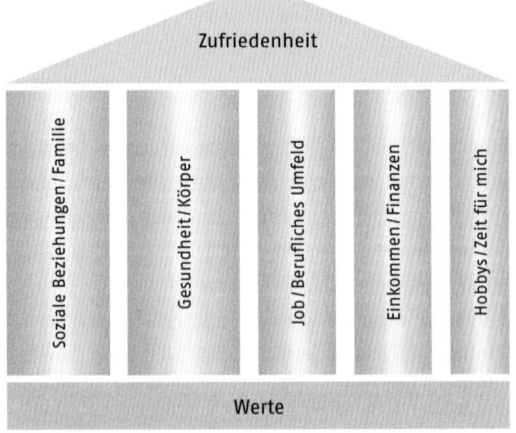

Anas Lebenshaus
im Sollzustand

Das Zielbild von Ana sieht deutlich anders aus. Die Bereiche „Job" und „Finanzen" sind stärker ausgeprägt, dagegen ist vor allem der Bereich „Familie" etwas kleiner geworden. Das Bild entspricht genau Anas Äußerungen und es fällt einem überhaupt nicht schwer, sich in ihre Situation hineinzuversetzen. Sie möchte sich in den nächsten Jahren auf ihre Karriere konzentrieren. Sie führt dazu aus: „Mir ist natürlich bewusst, dass es nach 15 Jahren ohne Job schwer ist, wieder einzusteigen, ich bin ja nicht naiv. Aber ich bin bereit, viel dafür zu tun. Ich möchte gerne noch einmal allen zeigen, was in mir steckt. Und ich möchte auch, dass meine Kinder stolz auf mich sind und sagen: ‚Ich habe eine beruflich erfolgreiche Mutter.' Ich bin mir nicht sicher, ob das Angebot meiner Freundin, in ihrem Geschäft zu arbeiten, wirklich das Richtige für mich ist. Ich hatte immer schon den Traum, einmal in meinem Leben als Maklerin zu arbeiten. Ich würde hier gerne überprüfen, ob das ein gutes Ziel für mich sein kann."

Mehr Karriere, weniger Familie

Zeit für eine Pause!

So schnell vergeht die Zeit! Sowohl wir als Coaches als auch die Teilnehmerinnen haben das Gefühl, dass wir gerade erst mit unserer Arbeit angefangen haben. Ein Blick auf die Uhr verrät uns aber, dass der erste Teil des Coaching-Blocks schon beendet ist. Die Darstellung und Diskussion der einzelnen Lebenshäuser war so spannend, dass die drei Stunden wie im Flug vergangen sind. Alle im Raum haben das Gefühl, dass es jetzt Zeit ist für eine kurze Pause.

Wir nehmen uns also eine 15-minütige Auszeit. Ein paar Frauen gehen an die frische Luft, andere essen und trinken etwas, einige rufen ihre E-Mails ab, bevor alle frisch, gestärkt und erwartungsvoll zum zweiten Teil zusammenkommen.

Sind Sie ruhig oder gestresst?

Beim Lebenshaus geht es um das stete Ausbalancieren der sich ständig verändernden Anforderungen, um sich möglichst wohlzufühlen – und das kann schon einmal stressen. Die nächsten drei Workshop-Stunden drehen sich um dieses herausfordernde Thema: den Umgang mit Stress. Für die meisten Leute ist der Begriff „Stress" eher negativ besetzt. Kein Wunder: Die Anforderungen an Berufstätige sind in den letzten Jahren rasant gestiegen. Wir sollen immer mehr in immer weniger Zeit erledigen. Ein Wettlauf, der nicht selten in stressbedingten Erkrankungen endet. Welche Techniken helfen, die eigene Gesundheit zu schützen?

Größte Gesundheitsgefahr unseres Jahrhunderts

Zunächst wollen wir erörtern: Stress – was ist das überhaupt? Wie viel Stress ist okay, woran erkenne ich Stressauslöser und was kann ich tun zur Bewältigung all der Anforderungen an meine Person, ohne mich dabei zu verlieren? Die Weltgesundheitsorganisation WHO hat Stress als „die größte Gesundheitsgefahr unseres Jahrhunderts" bezeichnet – das macht den Stellenwert des Themas deutlich. Der Herausforderung, eine individuell passende Ausrichtung des eigenen Lebenshauses zu finden und die einzelnen Kammern gut einzurichten, kommt somit eine entsprechend hohe Bedeutung zu.

Als Start in den zweiten Teil des ersten Tages führen wir eine „Ankommübung" durch. So machen wir uns den Weg bewusst, den wir heute zurückgelegt haben. Wir erkennen, wo wir gerade stehen – und ob wir tatsächlich hier im Raum angekommen sind in mentaler wie emotionaler Hinsicht.

Ankommübung

Jede Teilnehmerin setzt sich bequem hin, entspannt sich und lässt in Gedanken die letzten Stunden Revue passieren, beginnend bei der Anfahrt zum Seminarort. Karin Midwer spricht die Übung langsam und ruhig:

- Du sitzt im Auto, im Bus, im Zug, auf dem Fahrrad oder kommst zu Fuß. Wie fühlst du dich? Bist du ruhig oder gestresst? Was siehst, hörst, riechst du?
- Nun kommst du hier in der Brainery an. Wie fühlst du dich? Bist du ruhig oder gestresst? Was nimmst du wahr?
- Du betrittst die Brainery ... Wie fühlst du dich? Bist du ruhig oder gestresst? Was siehst, hörst, riechst du?
- Du begegnest den anderen Teilnehmerinnen und den Coaches ... Wie fühlst du dich? Bist du ruhig oder gestresst? Was nimmst du wahr?
- Das Seminar beginnt mit dem Thema „Lebenshaus" ... Wie fühlst du dich? Bist du ruhig oder gestresst? Was nimmst du wahr?
- Jetzt sollst du dein eigenes Lebenshaus zeichnen ... Wie fühlst du dich? Bist du ruhig oder gestresst? Was nimmst du wahr?
- Du stellst dein Lebenshaus deiner Teampartnerin vor ... Wie fühlst du dich? Bist du ruhig oder gestresst? Was nimmst du wahr?
- Du präsentierst der Gruppe deine Erkenntnisse ... Wie fühlst du dich? Bist du ruhig oder gestresst? Was nimmst du wahr?
- Nach der Präsentation geht es in die Pause ... Wie fühlst du dich? Was siehst du um dich herum? Was hörst du? Was riechst oder schmeckst du?
- Der zweite Teil des Seminars startet jetzt, du bist angekommen. Entspann dich, dehne und strecke alle Gliedmaßen, atme tief durch und öffne langsam die Augen.

Rundherum blicken wir in entspannte und zugleich erwartungsvolle Gesichter. Julia möchte etwas sagen: „Das tat wirklich gut! Ich kenne das aus dem Yoga und der Meditation. Mache ich viel zu wenig, leider. Denn schon durch das Bewusstmachen fällt eine gewisse Anspannung von einem ab." Die anderen Teilnehmerinnen nicken zustimmend, jeder scheint die Übung gutgetan zu haben. Nur Evgenia hält dagegen: „Ich fand es komisch, mich zu fragen, ob ich ruhig oder gestresst war, als ich mein Lebenshaus zeichnete. Ich konzentriere mich eben einfach auf eine Aufgabe und los geht's – da beschäftige ich mich doch nicht mit mir selbst!" Die Ansage irritiert die anderen Teilnehmerinnen. Schnell ergibt sich ein Wortgefecht darüber, was „richtig" oder „falsch" ist.

Karin Midwer bittet freundlich um Ruhe und fasst zusammen:
„Ganz automatisch sind wir schon zum wichtigsten Aspekt des
Themas gekommen: Die persönliche Bewertung entscheidet, was
als Stress bzw. Stressauslöser erlebt wird. Hier geht es also nicht
um richtig oder falsch. Oder besser gesagt: Alle haben recht! Denn
jeder Mensch erlebt Anforderungen, auch Stressoren genannt,
ganz individuell. Was den einen stresst, lässt den anderen völlig
kalt."

Stress – ein Thema, das alle berührt, so viel steht fest. Oftmals wird
er als negativ angesehen. Doch zunächst einmal stellt Stress eine
bloße Anforderung an den Organismus dar. Ganz neutral. Das
Wort „Stress" ist bekannt aus der Werkstoffkunde. Dort meint
es, dass ein Material so lange belastet wird, bis es brüchig, mürbe
und porös wird. Im Gegensatz zum Material hat der Mensch den
Vorteil, übermäßige Belastungen erkennen und einen angemessenen, gesundheitsfördernden Umgang mit diesen Anforderungen erlernen zu können. Der berühmte Stressforscher und Arzt
Dr. Hans Selye definierte Stress bereits in den 1930er-Jahren als
„Allgemeines Anpassungssyndrom". Stress bezeichnet also die
körperlichen und psychischen Antworten des Organismus auf Belastungen. Das Ziel ist es, dass wir uns mit allen uns zur Verfügung stehenden erworbenen oder bereits angeborenen Fähigkeiten schnell auf wechselnde Lebensumstände einstellen können.
Nicht zu viel, aber auch nicht zu wenig Stress – die richtige Balance der Anforderungen ist entscheidend für die Gesundheit. Stress
im gesunden, mittleren Maß verursacht weder Über- noch Unter-
forderungsreaktionen. Im Gegenteil: Er optimiert die Leistungsfähigkeit, gibt Energie, statt sie zu drosseln.

Stärken stärken: Was läuft gut in meinem Job?

Oft übersehen wir die positiven Aspekte unseres Jobs, weil wir uns stark auf das Negative und die eigenen Fehler konzentrieren. Schreiben Sie alles auf, was in Ihrem Job gut läuft, was Ihnen gefällt, was gesund ist und Ihre Motivation stärkt. Wenn Sie alle positiven und negativen Aspekte abwägen, die für Sie von Bedeutung sind, können Sie zu einer Aussage kommen, ob Ihr derzeitiger Job ein Wohlfühljob ist oder ob er Ihrer Gesundheit schadet.

_____

_____

_____

_____

_____

_____

Stress beherrscht unser Leben – tatsächlich?

In den 1950er-Jahren erschien in Deutschland Selyes Werk „Stress beherrscht unser Leben". Aber was heißt das genau? Natürlich, jeder kennt ihn, den Arbeitsstress, Freizeitstress, Prüfungsstress, Beziehungsstress. Er hinterlässt seine Spuren, und diese nehmen wir ganz individuell wahr. Unsere Gesundheit hängt eben nicht nur von körperlichen Faktoren ab, sondern auch vom eigenen Verhalten und dem individuellen Lebensstil. So kann Stress viele Krankheiten (mit-)verursachen, wie Bluthochdruck, Diabetes und Magen-Darm-Erkrankungen, aber auch Angst- und Schlafstörungen. Stress ist ein Teufelskreis: Menschen, die chronisch belastet und damit sowieso gesundheitlich gefährdet sind, neigen

Stress hinterlässt Spuren

oft zu gesundheitsschädigendem Verhalten: Sie trinken häufiger Alkohol und rauchen mehr, sie ernähren sich ungesund und greifen häufig zu Schmerz-, Schlaf- und Beruhigungsmitteln.

Aktive Stressbewältigung setzt bei der Tatsache an, dass Stress nur individuell verstehbar und veränderbar ist. Dazu muss eine genaue Analyse des eigenen Verhaltens stattfinden. Die wichtigste Frage in diesem Zusammenhang lautet: Welche Bewältigungsmöglichkeiten habe ich bzw. kann ich mir aneignen? Und wie bewerte ich diese? Darauf aufbauend können dann neue Handlungsmuster erarbeitet werden. Wirksame Problembewältigung und Entspannung sind ebenso notwendig wie herausfordernd: Sie erfordern, sich mit eigenen Belastungssituationen intensiv auseinanderzusetzen, um dann die für sich wirksamsten Methoden auszuwählen. Nur so lässt sich Stress aktiv bewältigen!

Mit Stress am Arbeitsplatz umgehen

Und wie sieht es eigentlich mit Stress am Arbeitsplatz aus? Nicht so gut, sagen aktuelle Studien der Krankenversicherungen: Jeder Dritte fühlt sich von wachsenden Ansprüchen im Job überfordert. Beinahe jeder Vierte macht keine Pausen, und jeder Achte erscheint krank am Arbeitsplatz. Ein Viertel aller Beschäftigten glaubt, das eigene Arbeitstempo auf Dauer nicht durchhalten zu können. Das Fatale dabei: Werden Ziele schneller erreicht, gilt das erhöhte Tempo als neuer Maßstab.

Gesundheitsgefährdende Arbeitsbelastungen
Die Initiative Gesundheit und Arbeit (iga) definiert folgende Arbeitsbelastungen als gesundheitsgefährdend:
- hohe Arbeitsintensität
- geringer Handlungsspielraum
- geringe soziale Unterstützung
- Ungleichgewicht zwischen erlebter geforderter Leistung und dafür erhaltener Belohnung oder Wertschätzung
- Überstunden
- Schichtarbeit (vor allem Abend- und Nachtschichten)

- Rollenstress
- aggressives Verhalten am Arbeitsplatz und Arbeitsplatzunsicherheit

Die eine oder andere Belastung hat wohl jede der Teilnehmerinnen schon einmal erfahren. Alle Teilnehmerinnen wollen jetzt mehr über den eigenen Stresslevel wissen. Wir teilen einen Stress-Fragebogen aus, der die wichtigsten Stressoren auflistet. Jede soll für sich die Stressoren nach ihrer Häufigkeit erfassen (nie, selten, häufig, immer) und im nächsten Schritt bewerten, wie unangenehm die jeweilige Stresssituation ist (nicht störend, wenig störend, störend, stark störend). Es ist erwünscht, die Liste um eigene Stresssituationen zu erweitern. Stressoren erkennen

Stressoren können zum Beispiel sein:
- Konkurrenzdruck
- Großraumbüro
- ständige Meetings
- schlechte Kommunikation
- Lärm
- ständige Erreichbarkeit
- Hektik
- Angst vor Verlust des Arbeitsplatzes
- Information Overload
- kaum Wertschätzung
- Mobbing/Bossing
- lange Arbeitswege, Staus
- Organisationsprobleme Familie und Beruf
- Krankheit
- finanzielle Probleme
- Schulden
- Schlafstörungen
- Erschöpfung
- Unterforderung
- Sorgen
- Termindruck

- Bewegungsmangel
- Rückenschmerzen
- schlechte Ernährung

Stressoren, die häufig oder immer auftreten und als störend oder stark störend empfunden werden, sollen im Anschluss genauer analysiert werden. Dazu können die Teilnehmerinnen in Kleingruppen arbeiten – denn oftmals entwickeln Außenstehende kreative Lösungen, weil sie einen unverstellten Blick auf die Situation haben. Leitfragen sind: Wie lässt sich der jeweilige Stressor reduzieren? Welche Maßnahmen sind denkbar, um die Anforderung besser bewältigen zu können? Kann die Einstellung zu dem Stressor geändert werden?

Stressoren analysieren

Stressoren im Job können beispielsweise Unterforderung oder Überforderung sein, Konkurrenzdruck, geringe Wertschätzung, ständiger Zeitdruck usw. – einfach alle Anforderungen, die uns in eine Belastungssituation bringen. Sind diese stark und dauerhaft vorhanden, kann es zu ungesunden Stressreaktionen kommen.

Nehmen Sie sich ein weißes Blatt Papier und schreiben Sie alle Stressoren auf, die Sie erleben. Im nächsten Schritt erfassen Sie die Häufigkeit (nie, selten, häufig, immer) und bewerten, wie stark Sie sich davon gestört fühlen (nicht störend, wenig störend, störend, stark störend). Notieren Sie hier Ihre Hauptstressoren:

_____

_____

_____

_____

_____

Schauen Sie sich die Stressoren genauer an, die häufig oder immer auftreten und als störend oder stark störend empfunden werden. Ggf. sprechen Sie mit einem Freund oder einer Freundin über diese Punkte. Fragen Sie sich dann: Wie lässt sich der jeweilige Stressor reduzieren? Welche Maßnahmen sind geeignet, um die Anforderung besser bewältigen zu können? Oder aber: Können Sie Ihre Einstellung zu dem Stressor ändern?

Austausch in der Gruppe zum Thema Stress

In der anschließenden Runde bitten wir jede Teilnehmerin um ein Feedback. Manche Themen sind sehr persönlich, und deshalb ist es selbstverständlich jeder Einzelnen überlassen, ob sie in der großen Runde darüber sprechen möchte oder nicht. Erfahrungsgemäß ist es aber für alle wertvoll, von den Stressoren und Bewältigungsstrategien anderer zu erfahren. Deshalb ist der Gewinn für die Gruppe umso größer, je offener die Frauen sich äußern.

Julia möchte wieder beginnen. Sie berichtet, dass die Übung ihr sehr genau aufgezeigt habe, welche Anforderungen ihr besonders zu schaffen machen. Das Herunterbrechen auf einzelne Stressoren und die Auseinandersetzung mit diesen habe ihren Blick geweitet. Außerdem habe ihr das Gespräch mit Marion sehr weitergeholfen. Marion, die zwei erwachsene Kinder hat, konnte ihr als erfahrene Mutter wertvolle Tipps geben, die ihr, wie sie sagt, in dem einen oder anderen Fall die Augen geöffnet haben.

„Ich habe gemerkt, dass ich nur sehr schwer loslassen kann", erzählt Julia. „Mein Hauptproblem ist, dass ich so wenig Zeit für mich habe und mich zwischen den Anforderungen im Job und zu Hause zerreiße. Mein hoher Anspruch ist ein weiterer Hauptstressor, der in alle Lebens- und Arbeitsbereiche hineingrätscht. An irgendeiner Stelle muss ich notgedrungen die Zü-

Hauptstressor: hoher Anspruch

gel lockerer lassen, damit ich nicht leerlaufe. Etwas weniger arbeiten, mehr delegieren, auch die Kleine mal abgeben. Ich habe gar kein finanzielles Problem, kann mir also durchaus auch einen Babysitter leisten und mal einen Abend die Woche mit meinem Mann allein verbringen – wie früher. Meine Familie ist doch das Allerwichtigste. Ich könnte mit Lara zum Yoga-Mutter-Kind-Programm. Und einen Abend die Woche für Freundinnen reservieren – da muss Philipp mir dann auch einmal den Rücken freihalten. Er will sich ja um Lara kümmern! Ich möchte ihm auch mehr vertrauen. Bisher nehme ich ihm vieles aus der Hand, weil ich glaube, ich kann alles am besten. Darauf hat Marion mich gebracht. Sie habe das früher auch so gemacht – und sogar jahrelang für die Kinder beruflich ausgesetzt –, aber das sei eigentlich ungünstig gewesen. Für die Familie sei es besser, wenn jeder sich möglichst ausgewogen kümmere. Tief in meinem Herzen fühle ich, dass das stimmt. Ich muss einfach lockerer werden und es Philipp auf seine Weise machen lassen – auch wenn der Haushalt dann nicht ganz so ordentlich ist und Lara vielleicht mal fünf Minuten später ins Bettchen kommt, weil Philipp noch nicht so viel Routine hat."

Alle sind beeindruckt von Julias Offenheit und Selbsterkenntnis. Die junge Mutter wirkt gleich viel gelöster und selbstbewusster. Ein tolles Ergebnis! Julia nickt Marion dankbar zu. Diese nimmt den Faden auf:

Stress durch zu viel Routine? „Kann eigentlich auch zu viel Routine Stress hervorrufen? Mein Leben ist wie ein langer, ruhiger Fluss: nichts, was besonders fordert, aber auch nichts, was besondere Freude macht. Mich belastet genau dieses Eintönige. Manchmal wache ich nachts auf und bin furchtbar unruhig. Ich war deswegen schon mehrfach beim Arzt. Körperlich ist alles in Ordnung. Er hat mir ein Beruhigungsmittel verschrieben und gesagt, ich solle vor dem Schlafengehen doch einen Spaziergang machen. Aber das bringt gar nichts! Wenn ich dann wach liege, drehen sich meine Gedanken im Kreis. Neulich hatte ich einen Traum, an den ich immer wieder denken muss: Ich träumte davon, dass ich statt zur Arbeit zu fahren, den Abzweig zur Autobahn nahm und in hohem Tempo Richtung Süden brauste: Verdeck auf, laute Musik, alle Pflichten adé!"

Marion macht eine kleine Pause und blickt verlegen in die Runde. Als sie sieht, dass alle gespannt und aktiv zuhören, fährt sie erleichtert fort: „Dieses Gefühl, das ich beim Autofahren hatte, das beschäftigt mich sehr. Irgendwie in Bewegung kommen, Altes zurücklassen, Neues wagen, nach vorn in eine vielversprechende Zukunft schauen ... Das hätte ich gern in meinem Leben."

Sie ergänzt: „Natürlich haue ich nicht einfach so ab, das ist ja klar. Aber ich möchte mehr Dynamik und Überraschung in mein Leben bringen und mich mehr fordern. Als ich mit Julia sprach, war ich ein bisschen neidisch auf ihr Leben: Sie ist so selbstbewusst, beweglich und erfolgreich in allem. Dagegen kommt mir mein Leben richtig unattraktiv vor. Noch weiß ich nicht genau, was ich anders machen will, aber mein Traum hat mich auf eine Idee gebracht: Ich werde versuchen, meine Routinen zu durchbrechen, indem ich Dinge ganz bewusst anders mache als sonst. Einen anderen Arbeitsweg nehmen, mit dem Rad fahren statt mit dem Auto, nicht jeden Abend um 20 Uhr Tagesschau gucken, stattdessen vielleicht schwimmen gehen. Denn ich möchte endlich ein paar Kilos loswerden, mich wieder attraktiver fühlen. Ich habe schon ein Buch besorgt, in dem es um gesundes Essen geht, das schlank macht. Das werde ich ab sofort umsetzen!"

Marion ist ein bisschen rot geworden, und ihre Augen leuchten. So lange hat sie selten vor anderen gesprochen, erst recht nicht über so persönliche Dinge. Sie ist froh, dass sie es gewagt hat. Die anderen Teilnehmerinnen applaudieren. Viel Sympathie schlägt Marion entgegen.

Routinen durchbrechen

Insbesondere Gaby ist begeistert und nimmt den Faden auf: „Mich wieder attraktiver zu fühlen, das wäre ein Traum. Vielleicht sollten wir zusammen das Ernährungsthema angehen? Und ein bisschen Bewegung kann mir auch nicht schaden!" Sie blickt an sich herunter und grinst selbstironisch. „Im Ernst: Bei mir ist es ein Teufelskreis. Ich mache mir schon öfter Sorgen um meine berufliche Zukunft, auch fehlt es meistens an Geld. Es tut mir oft leid, dass ich meiner Tochter finanziell so wenig bieten kann. Wenn diese Gedanken mich überrollen, ist es eine Frage von Sekunden, schon stehe ich vorm Kühlschrank oder der Süßigkeitenbox. Etwas Süßes beruhigt mich dann ein bisschen und lenkt mich ab. Dass das genau der falsche Weg ist, ist mir schon klar. Ich bin ja nicht blöd.

Würde gern beruflich ankommen

Am meisten stresst mich ganz klar die Jobfrage. Ich würde beruflich so gern ankommen. Ich bin mir aber nicht sicher, ob das mit Reiki überhaupt geht, obwohl mir die Tätigkeit viel Freude macht. Doch die ganze Organisation der Selbstständigkeit, das ist für mich wirklich schwierig. Da merke ich, dass ich schnell aussteige, und das wiederum stresst mich besonders. Ich weiß einfach nicht, wie ich es machen soll. Statt dranzubleiben, weiche ich aus und verdiene Geld mit Putzen oder Backen. Doch das Einkommen durch diese Jobs ist nur ein Tropfen auf den heißen Stein. Ich glaube, da brauche ich Unterstützung. Fachliche Unterstützung: Wie geht das mit der Selbstständigkeit? Was kann ich ändern, um meine Selbstständigkeit so voranzubringen, dass ich dauerhaft davon leben kann? Ich habe mir vorgenommen, dies als Nächstes anzugehen und so mehr Klarheit in meine berufliche Zukunft zu bringen."

Alle Teilnehmerinnen zeigen sich beeindruckt von Gabys Plan, und Marion möchte mit ihr tatsächlich einen wöchentlichen „Gesundheitstermin" vereinbaren. Wunderbar, dass sich jetzt schon erste Erfolgsteams bilden – so soll es im Idealfall sein.

Ana ist als Nächste an der Reihe: „Mein Hauptstressor ist der Verlust meiner familiären Basis. Es wird noch eine ganze Zeit dauern, bis ich darüber hinweg bin. Doch auch wenn es nicht zur Trennung von meinem Mann gekommen wäre, dass die Kinder erwachsen werden und ich nach einer neuen Rolle suchen muss, dazu wäre es in jedem Fall gekommen. Dennoch ist der gefühlte Druck für mich nun größer. Ich möchte nicht nur irgendeinen Job machen, sondern es muss auch Geld verdient werden. Sicher mache ich mir auch selbst Druck, wenn ich sage, dass ich unbedingt erfolgreich sein will, wenn ich mir wünsche, dass meine Kinder stolz auf mich sind. Doch das ist gleichzeitig auch ein guter Motivator für mich, und es bewahrt mich davor, in Selbstmitleid zu versinken. Ich bin ja nicht mehr ganz jung, obwohl ich mich Gott sei Dank einigermaßen gehalten habe, und daher möchte ich jetzt ordentlich Gas geben und das Ziel direkt ansteuern. In dieser Übung ist mir klar geworden, dass ich mich nicht mit kleinen Assistenzjobs aufhalten will, sondern direkt das große Ziel ansteuere: als Maklerin erfolgreich zu sein. Ich werde meiner Bekannten absagen und stattdessen eine Kurzausbildung machen, in der ich die Basics der Branche kennenlerne."

Das klingt nach einem guten Plan, und Ana erntet bewundernde Blicke. Bleibt noch Evgenia, die zur Überraschung aller lobende Worte für Ana findet, obwohl sie sich eigentlich mit ihrem Smartphone befasst hat, weshalb alle dachten, dass sie mental ganz woanders war. Stimmt nicht – Evgenia trumpft mit einem praktischen Rat auf: „Gleich oben einsteigen, das ist immer auch meine Devise. Bloß nicht im Klein-Klein versinken. Ich hab mal parallel gegoogelt und einen auf Luxusimmobilien spezialisierten Makler gefunden, der gerade eine Urlaubsvertretung sucht. Ruf den gleich mal an!"

Gleich oben einsteigen!

Damit hätten weder Ana noch die anderen Teilnehmerinnen gerechnet. Ja, Evgenia ist eben Führungskraft und treibt die Dinge mit bewundernswerter Energie voran. Ein Training-on-the-Job – warum nicht? Doch kann sie auch bei sich selbst die eigenen

Schwachpunkte erkennen und Lösungen finden? Evgenia kontert: „Mich stresst eigentlich nichts. Echt jetzt! Na gut, dass ich im Job nicht weiter nach oben komme, das vielleicht. Aber das ärgert mich eher, als dass es stresst. Und ganz ehrlich: Wenn sich daran nicht bald etwas ändert, werde ich einfach den Job wechseln. Ich habe schon mit einem Headhunter Kontakt aufgenommen."

Ein Blick auf die Uhr zeigt, dass der Workshop fast vorbei ist. Also beschließen wir, eine kurze Abschlussrunde durchzuführen. Wir bitten die Teilnehmerinnen, uns zu schildern, wie die erste Zusammenarbeit war und mit welchem Gefühl sie aus dem Raum gehen.

Alle Teilnehmerinnen halten sich in dieser Abschlussrunde kurz. Wichtigstes Fazit: Die Bestimmung des eigenen Standorts ist zwar anstrengend, setzt aber auch viel neue Energie frei, und der Austausch innerhalb der Gruppe hat so manche neue Erkenntnis befördert. So soll es sein! Wir verabreden uns für das nächste Treffen in vier Wochen. Alle verlassen den Raum mit einem guten Gefühl und freuen sich auf das restliche Wochenende.

Dem eigenen Leben einen Sinn geben

TAG
2

Wohl jeder von uns stellt sich mitunter die Sinnfrage – meist dann, wenn etwas aus dem Gleichgewicht geraten ist. Anders formuliert: wenn wir nicht unseren Werten gemäß handeln. Werte bilden das Fundament unseres Lebenshauses. Wer seinen Werten gemäß handelt, stärkt seinen Selbstwert. Damit einhergehend erhöht sich die Resilienz, die psychische Widerstandskraft.

Was ist Ihnen in Ihrem Leben wichtig?

Wann sind wir eigentlich mit unserem Leben zufrieden? Wann sind wir glücklich bzw. fühlen uns so richtig wohl? Wenn wir unsere Lebensbereiche in einer für uns angemessenen Balance leben? Oder muss noch etwas anderes dazukommen?

Auch wenn dieser Begriff heutzutage sehr strapaziert wird, geht es auch darum, ein werteorientiertes Leben zu führen. Was sind Werte? Im Duden findet man folgende Definition: Ein Wert ist „eine positive Bedeutung, die jemandem, einer Sache zukommt". Der Brockhaus sagt dazu: „Von der Soziologie her gesehen bezeichnet Wert eine grundlegende, zentrale, allgemeine Zielvorstellung und Orientierungsleitlinie für menschliches Handeln und soziales Zusammenleben innerhalb einer Kultur."

Ein werteorientiertes Leben

Werte sind also etwas ganz Zentrales – eine Art zentrales Nervensystem, vom dem aus unser Leben (bewusst oder unbewusst) gesteuert wird. Werte sind nicht starr, sondern können sich im Laufe unseres Lebens verändern. Sie entstehen zunächst durch die Sozialisation in der Familie. Mutter und Vater leben uns vor, was im Leben wichtig ist. Dann folgen Einflüsse aus dem Umfeld, wie zum Beispiel Nachbarn, Freunde, Kindergarten und Schule. Und letztlich sind natürlich auch die Medien ein wichtiger Einflussfaktor. Man geht davon aus, dass die wesentlichen Werte, die die Grundprägung der Persönlichkeit eines Menschen ausmachen, in den ersten zwölf Lebensjahren vermittelt werden.

Werte werden auch durch die gesellschaftlichen Gegebenheiten geformt. Während sich zum Beispiel die Studenten der 1980er-Jahre am alternativen Milieu orientierten und die Gesellschaft verändern wollten, waren die Studenten in den Neunzigern auf Sicherheit fixiert. Heute bevorzugen Menschen der jungen Generation Freiheit und eine gute Work-Life-Balance – oder sogar die strikte Trennung von Arbeit und Privatleben.

Das Fundament des Lebenshauses Wenn wir unser Leben als ein Haus betrachten, das zunächst ein tragendes Fundament benötigt, um Säulen, Wände und das Dach halten zu können, dann sind unsere Werte das Fundament. Insofern ist es von essenzieller Bedeutung, dass wir unsere Werte kennen. Denn nur dann können wir ein Haus bauen, das stabil und sicher steht und den ein oder anderen Sturm verkraftet.

Werte sind so etwas wie das Fundament unseres Lebenshauses. Jeder Mensch hat aufgrund seiner Sozialisation andere Werte, die sich im Laufe des Lebens durch Erfahrungen und den gesellschaftlichen Wandel verändern können. Wir werden nur dann ein wirklich zufriedenes Leben führen, wenn wir unsere eigenen Werte in unserem Leben auch umsetzen können und dort wiederfinden – in welcher Lebenssäule auch immer.

Da die meisten von uns jeden Tag acht Stunden oder mehr im Büro verbringen, ist es wichtig, gerade in diesem Bereich zu überprüfen, ob wir unsere Werte dort wiederfinden. Möglicherweise nicht alle, aber wenigstens einige.

Nun stellt sich die Frage, welche Werte es überhaupt gibt. Beim Thema Werte – die man auch als Lebensmotive bezeichnen kann – wird immer wieder der amerikanische Motivationsforscher und Psychologe Steven Reiss genannt. In einer groß angelegten Untersuchung hat er herausgefunden, dass Menschen unterschiedliche Auffassungen darüber haben, wie ihr Leben im Allgemeinen und insbesondere auch ihr Beruf sein sollten. Reiss hat 16 Grundbedürfnisse bzw. Werte oder Motive identifiziert, die für Menschen wichtig sein können:

Lebensmotive nach Reiss

1. Anerkennung
2. Beziehungen
3. Ehre
4. Eros
5. Essen
6. Familie
7. Idealismus
8. Körperliche Aktivität
9. Macht
10. Neugier
11. Ordnung
12. Rache
13. Ruhe
14. Sparen/Sicherheit
15. Status/Prestige
16. Unabhängigkeit

Eros, Essen, Rache ... Was genau verbirgt sich hinter den einzelnen Begriffen? Was bedeutet es, wenn bestimmte Motive bei einem Menschen sehr stark oder auch sehr schwach ausgeprägt sind?

Anerkennung

Natürlich möchte jeder von uns im Beruf Anerkennung erfahren. Anerkennung bzw. Wertschätzung der eigenen Arbeitsleistung ist ein menschliches Grundbedürfnis. Aber es gibt Menschen, für die (ausgesprochene) Anerkennung wichtiger ist als für andere und die ihre berufliche Zufriedenheit daran wesentlich festmachen. Anerkennung erfolgt über positives Feedback und Wertschätzung durch Vorgesetzte, Kollegen oder Kunden. Auch eine Gehaltserhöhung, ein Mitarbeiter-Incentive oder ein schlichtes Danke können eine Anerkennung darstellen.

Frau W. ist Projektmitarbeiterin in einem mittelständischen Unternehmen. Ihre Aufgaben und Projekte führt sie selbstständig und fristgerecht durch. Sie freut sich über jede abgeschlossene Anfrage und bislang ist noch keines ihrer Arbeitsergebnisse infrage gestellt worden. Eigentlich könnte sie mit ihrem Beruf zufrieden sein. Sie merkt aber zunehmend, dass ihr etwas fehlt. Auch wenn sie weiß, dass man in den meisten Unternehmen nicht erwarten kann, für gute Leistung gelobt zu werden, ist Lob für sie ein wichtiger Motivator. Sie wäre bereit, noch viel mehr Einsatz für das Unternehmen zu bringen, wenn sie zwischendurch einfach mal ein positives Feedback, ein „Danke" oder ein „Haben Sie gut gemacht" hören würde. Doch das scheint in ihrem Unternehmen nicht Teil der Firmenkultur zu sein, daher hat sie sich damit abgefunden. Die Unzufriedenheit mit ihrem Job wächst jedoch von Tag zu Tag.

Herr T. ist Ingenieur und bei einem Automobilzulieferer angestellt. Er ist in einem Entwicklungsteam und beschäftigt sich mit Innovationen. Er arbeitet oft tagelang allein und hat nur selten regelmäßigen Kontakt zu seinen Kollegen und seinem Vorgesetzten. Wenn er an einem Projekt arbeitet, geht es in erster Linie um das Austüfteln neuer Möglichkeiten. Herr T. ist mit seiner Arbeit sehr zufrieden. Zwar bekommt er weder von seinen Kollegen noch von seinem Vorgesetzten positives Feedback bei guten Ergebnissen, das ist ihm aber auch nicht so wichtig. Er zieht seine Befriedigung aus der Tätigkeit selbst.

Er weiß, wann er gut gearbeitet hat, und kann sich dann selbst auf die Schulter klopfen. Die Anerkennung von außen ist für ihn nicht wichtig. Allein die Tatsache, dass seine Ergebnisse in ein neues Produkt fließen und dieses irgendwann Marktreife erlangt, ist für ihn Anerkennung genug.

Wir haben es hier mit zwei unterschiedlichen Persönlichkeitstypen zu tun, bei denen das Merkmal Anerkennung unterschiedliche Gewichtung im Leben hat. Für Frau W. ist es wichtig, dass ihre Arbeitsergebnisse von der Firma angemessen gelobt und anerkannt werden. Man kann sagen, dass für sie Anerkennung in ihrem beruflichen Lebensfundament eine wesentliche Rolle spielt und daher als Wert in ihrer Karriere-DNA enthalten ist. Anders bei Herrn T. Er zieht Zufriedenheit und Befriedigung aus seiner Arbeit selbst. Er kann sich selbst die Anerkennung geben, die er braucht, und ist nicht auf das Feedback seines Arbeitgebers angewiesen. Der Wert Anerkennung ist in seiner Karriere-DNA nur gering ausgebildet und zählt daher nicht zu den wesentlichen Faktoren, die zu seiner beruflichen Zufriedenheit beitragen.

Auswertung der Beispiele

Beziehungen

Es gibt Menschen, die brauchen im beruflichen Alltag viele Leute um sich herum. Andere lieben es, alleine vor sich hin zu arbeiten. Die Ersteren werden in ihrem Job darauf achten, viel mit anderen Menschen zu tun zu haben. Personen, bei denen das Motiv Beziehungen stark ausgeprägt ist, definieren sich häufig über die Gruppe und sind erst dann zu Höchstleistungen fähig, wenn sie in einem Projekt mit anderen zusammenarbeiten können. Menschen, für die Beziehungen im beruflichen Alltag kein Grundbedürfnis darstellen, sind hingegen in Gruppen schnell überfordert und sehnen sich nach einem Arbeitsplatz, an dem sie in Ruhe arbeiten können – ohne wesentliche Störungen von außen.

Herr D. ist im Vertrieb tätig. Er liebt es, den ganzen Tag mit Menschen in Kontakt zu sein – und neue Menschen kennenzulernen. Wenn er nicht gerade Kunden betreut, tauscht er sich mit seinen Kollegen aus. Es vergeht keine Mittagspause, in der er nicht mit anderen zum Essen geht. Und auch nach der Arbeit trifft er sich gerne noch mit dem einen oder anderen Kollegen auf ein Bier. Wenn er sich die Controller oder auch die Rechtsabteilung seines Unternehmens ansieht, schüttelt er innerlich immer wieder den Kopf: Wie kann man nur eine so trostlose und auch beziehungslose Arbeit machen? Diese Kollegen starren den ganzen Tag auf den Bildschirm oder in Schriftstücke und machen das anscheinend auch noch gerne. Er beobachtet, dass die meisten Controller die Mittagspause alleine verbringen und nur selten auf abendlichen Treffen der Firma erscheinen. Er stellt sich die Frage, wie man so leben kann.

Frau A. ist als Justitiarin in dem gleichen Unternehmen wie Herr D. beschäftigt. Nach dem Studium ist sie gleich in die Firma eingestiegen. Sie entwirft und kontrolliert im Wesentlichen Verträge, die das Unternehmen abschließt. Das macht ihr viel Spaß. Die meiste Zeit des Tages verbringt sie an ihrem Schreibtisch und hat wenig Kontakt zu Kollegen. Eigentlich nur, wenn es um neue Verträge geht oder Absprachen nötig sind. Sie kann sich sehr in die Materie vertiefen und braucht keine anderen Menschen, um sich wohlzufühlen. Mittags klinkt sie sich meistens aus und holt sich einen Snack, setzt sich auf eine nahe gelegene Parkbank und hängt ihren Gedanken nach. Sie hat es gerne etwas ruhiger. Zu viele Menschen und intensiver Kontakt bedrängen sie schnell. Herrn D. kennt sie, da sie hin und wieder Verträge aus der Vertriebsabteilung überprüft. Sie mag ihn nicht besonders. Wenn er erst einmal in ihrem Büro steht, redet er ununterbrochen und macht keine Anstalten, wieder zu gehen. Mehrmals hat er sie schon gefragt, ob sie abends auch einmal in der Gruppe auf ein Bier mitgeht, was sie allerdings abgelehnt hat. Frau A. bevorzugt es, ihre Abende zu Hause zu verbringen und den Tag allein Revue passieren zu lassen. Andere Menschen würden sie dabei nur stören.

Herr D. und Frau A. haben eine vollkommen andere Ausprägung des Grundbedürfnisses Beziehungen. Während es für Herrn D. sehr wichtig ist, viel Kontakt zu anderen Menschen zu haben, bevorzugt es Frau A., alleine zu arbeiten. Beide haben das Glück, den Job gefunden zu haben, der zu ihrer Ausprägung des Wertes Beziehungen passt. Stellen Sie sich vor, was passieren würde, wenn beide den Job tauschen würden: Herr D. wäre frustriert, weil er nur noch wenig Außenkontakte hätte, und Frau A. wäre mit den permanenten Kundenkontakten wahrscheinlich völlig überfordert. Beide würden sich schnell nach der alten Situation zurücksehnen.

Auswertung der Beispiele

Ehre

Es gibt Menschen, denen es sehr wichtig ist, sich Prinzipien und Vorgaben unterzuordnen. Das sind Menschen, für die moralische und charakterliche Integrität und korrektes Verhalten zu jeder Zeit von großer Bedeutung sind. Andere wiederum fühlen sich von Vorgaben eingeschränkt und dehnen gerne den Handlungsspielraum aus, den sie bekommen haben – und sie loten die Grenzen aus.

Herr F. hat eine Ausbildung zum Verwaltungsfachangestellten absolviert. Schon in der Ausbildung fand er die vielen Regeln und Vorgaben sehr ermüdend. Er kann zwar den dahinter liegenden Sinn erkennen, trotzdem geht es ihm gegen den Strich, sich immer nach Schema F verhalten zu müssen. Für alles gibt es anscheinend einen Standard bzw. ein Formular. Seit einem halben Jahr arbeitet er nun in einer Berliner Verwaltungsbehörde. Mit vielem ist er zufrieden, auch wenn er findet, dass die Menschen und das Verwaltungssystem doch etwas flexibler sein könnten. Um dem Rechnung zu tragen und sich aus seiner Sicht serviceorientierter zu verhalten, drückt er bei einigen Anträgen ein Auge zu. Er sieht nicht ein, dass Menschen auf Ansprüche verzichten sollen, die ihnen eigentlich zustehen, die aber aufgrund eines Formfehlers nicht geltend gemacht werden konnten – das kann doch nicht im Sinne des Systems sein! Schnell spricht sich in der Behörde herum, dass Herr F. sich nicht immer an

Vorgaben hält. Seine Vorgesetzte zitiert ihn zu einem Gespräch und droht ihm mit einem Disziplinarverfahren, wenn er sich nicht ab sofort an die geltenden Regeln hält. Herr F. fühlt sich völlig zu Unrecht kritisiert, denn seiner Ansicht nach verhält er sich bürgernah.

Frau C. ist Inhaberin einer Marketingagentur. Die Konkurrenz ist groß und der Markt hart umkämpft. Vor Kurzem wurde sie von einem ihrer Kunden – der Marketingleiter einer Versicherung ist – um einen Gefallen gebeten. In einem Gespräch deutete er an, Frau C. könne doch froh sein, dass sie von ihm immer wieder Aufträge erhalte, obwohl doch das interne Team der Versicherung gerne einmal eine andere Agentur ausprobieren möchte. Sein Einsatz solle Frau C. doch etwas wert sein. Frau C. hat sich dazu erst einmal gar nicht geäußert. Sie überlegt nun, wie sie sich verhalten soll. Es ist klar, dass ihr Kunde nach einer Provision für die Vermittlung der Aufträge gefragt hat. Nun steht sie in einem Gewissenskonflikt. Frau C. ist eine seriöse Geschäftspartnerin, sie hat sich noch nie etwas zuschulden kommen lassen. Es ist ihr wichtig, sich am Markt charakterlich integer zu verhalten. Auf der anderen Seite möchte sie den Kunden nicht verlieren. Nach langem Abwägen entschließt sie sich, keine Provision zu zahlen.

Auswertung der Beispiele

Herr F. scheint allein aufgrund seiner persönlichen Gewichtung des Ehre-Motivs nicht in seinen Job zu passen. Eigentlich hatte er das schon in der Ausbildung festgestellt. Das korrekte und angepasste Verhalten und das Einhalten von Regeln, wie es in der Verwaltungsbehörde erwartet wird, ist für ihn schwierig. Daher ist er gut beraten, sich nach möglichen Alternativen umzusehen. Frau C. hat in ihrer Karriere-DNA eine starke Ausprägung des Wertes Ehre, und so verhält sie sich geschäftlich auch. Vielleicht wird sie in diesem konkreten Fall einen Kunden verlieren, sicher wird sie aber Kunden finden, denen Integrität ähnlich wichtig ist wie ihr.

Eros

Eros ist das universelle Bedürfnis nach Sexualität. Es bringt uns auch dazu, auf unser Äußeres zu achten. Wir haben uns entschieden, dieses Lebensmotiv in diesem Buch nicht weiter zu beschreiben, da es aus unserer Sicht zu intim ist. Jede sollte es für sich selbst reflektieren.

Essen

Essen ist das Bedürfnis, Nahrung aufzunehmen und das Gefühl der Sättigung zu verspüren. Wir widmen uns an einer anderen Stelle in diesem Buch – im Abschnitt „Powerfood für mehr Energie" unter Tag 3 – besonders diesem Lebensmotiv, weshalb wir es hier zunächst nicht weiter beschreiben werden.

Familie

Der Wert Familie ist beruflich unter zwei verschiedenen Aspekten relevant: Menschen, denen ihre Familie wichtig ist und die viel Zeit mit ihr verbringen möchten, setzen ihre Priorität eindeutig auf das Privat- und nicht auf das Berufsleben. Das hat Auswirkungen auf die Wahl des Jobs und auch des Unternehmens, auf die wir noch kommen werden.

Familie kann als Wert aber auch dahingehend verstanden werden, dass es wichtig ist, sich als Mitarbeiter in einem Unternehmen wie in einer großen Familie zu fühlen. Gerade in inhabergeführten Familienbetrieben sind Mitarbeiter oftmals ein Teil der erweiterten Familie. Es herrscht eine besondere, vertrauensvolle Atmosphäre und ein privater Umgang untereinander.

Frau F. ist Vorstandsassistentin in einem Münchner Unternehmen. Ihr Arbeitstag beginnt um 8 Uhr und endet selten vor 20 Uhr. Auch abends zu Hause oder am Wochenende kommt es oftmals vor, dass der Vorstand sie anruft. Frau F. macht die Arbeit zwar Spaß und sie wird auch gefördert, jedoch gehen ihre privaten Pläne eigentlich in eine andere Richtung. Seit zwei Jahren hat sie nun einen festen Lebenspartner, der Berater ist und daher viel unterwegs. Frau F. wünscht sich Kinder, würde aber gerne auch weiterhin arbeiten. Sie hat sich schon einmal ausgemalt, wie es wäre, wenn sie nach dem Mutterschutz wieder in die Firma zurückkäme. Ihr Freund könnte sich nicht um das Kind kümmern, da er nur selten zu Hause ist und sich nur schwer vorstellen kann, die Rolle des Hausmannes zu übernehmen. Die Mutter von Frau F. würde sich als Betreuerin zwar anbieten – aber auch nicht rund um die Uhr. Außerdem fragt sich Frau F., was sie von ihrem Kind eigentlich hätte, wenn sie jeden Tag zwölf Stunden arbeiten müsste. Mit diesen Gedanken wird Frau F. immer unzufriedener und kommt zu dem Schluss, dass sie ihren Job wechseln wird. Familie ist ihr nun einmal wichtig im Leben. Sie möchte nicht darauf verzichten. Ideal wäre für sie ein Job mit Gleitzeit oder aber eine Tätigkeit, bei der sie jeden Tag pünktlich um 16 oder 17 Uhr das Büro verlassen kann.

Herr U. hat nach seiner Ausbildung als kaufmännischer Angestellter drei Jahre in einem kleinen Betrieb in seiner Heimatstadt gearbeitet. Dort führt noch der Inhaber das Unternehmen und die ca. 80 Mitarbeiter gehören quasi zur Firmenfamilie. Herr U. fühlte sich in dieser Firma immer sehr wohl. Der Inhaber hat ihn persönlich wahrgenommen und ihn gefördert, und auch sonst war die Stimmung gut. Ältere Mitarbeiter wurden nicht „abgebaut", sondern gehörten zur Firmengeschichte und -kultur. Hin und wieder gab es kleine Aufmerksamkeiten des Chefs, der Kuchen oder Eis mitbrachte, und man hatte Einblick in das Familienleben des Inhabers. Seine Frau arbeitete in dem Unternehmen mit und auch die Kinder machten dort Praktika. Insgesamt war alles übersichtlich und es herrschte – trotz Marktdruck – eine warme und familiäre Atmosphäre. Vor einem halben Jahr entschloss sich Herr U., das Unternehmen zu verlassen. Er hatte von einem großen Hamburger Konzern ein Angebot erhalten, in die Buchhaltung einzusteigen. Herr U. sah darin eine tolle Möglichkeit, das Konzernleben kennenzulernen. Außerdem zahlte der Konzern deutlich mehr als sein damaliger Arbeitgeber. Nach nur wenigen Wochen

musste Herr U. jedoch feststellen, dass er an seinem neuen Arbeits-
platz nicht glücklich wird. Die eigentliche Tätigkeit ist für ihn durch-
aus in Ordnung und auch interessant – er kommt aber nicht mit der
Größe des Konzerns und damit verbundenen Anonymität zurecht. Er
empfindet die Atmosphäre als kühl und abweisend. Eben ganz an-
ders als in seinem vorherigen Job. Es geht nur noch um Zahlen und
Politik – Herrn U. fehlt einfach die Menschlichkeit. Er überlegt, ob er
kündigen und zu seinem alten Arbeitgeber zurückkehren soll.

Sowohl Frau F. als auch Herr U. haben in ihrer Karriere-DNA ei- Auswertung
ne starke Ausprägung des Wertes Familie, auch wenn dieser für der Beispiele
sie jeweils eine etwas andere Bedeutung hat. Frau F. geht es dabei
um Zeit für die eigene Familie, Herrn U. wiederum ist es wichtig,
sich im Unternehmen familiär eingebunden zu fühlen. Beide werden mit dem aktuellen Job nicht dauerhaft glücklich werden, es sei
denn, ihr Wert Familie verändert sich im Laufe der Zeit.

Idealismus

Idealismus ist das Bedürfnis, in der Gesellschaft etwas Neues einzubringen, oder auch, das Bestehende zu verbessern. Im Wesentlichen geht es darum, sich für faire Verhältnisse oder auch soziale
Gerechtigkeit einzusetzen.

Herr G. war schon in der Schulzeit politisch und in Umweltthemen en-
gagiert. Bald schon wurde er Mitglied bei Greenpeace und war an der
Planung und Organisation vieler Veranstaltungen beteiligt. Für ihn ist
es wichtig, Umweltthemen wahrzunehmen und nichts zu tun, was der
Umwelt schadet. So achtet er bei jedem Einkauf, sei es von Lebensmit-
teln oder auch Möbeln oder Kleidung, darauf, dass die Waren nicht auf
Kosten der Umwelt, sondern – soweit möglich – ressourcenschonend
produziert wurden. Nach einem dualen Studium startet die berufliche
Laufbahn für Herrn G. in der Einkaufsabteilung eines mittelständischen
Unternehmens in Köln. Schnell merkt er, dass es bei der Auswahl der
Lieferanten weniger um Qualität, sondern vielmehr um den Preis geht.
Da Herr G. bei seinen privaten Einkäufen auf Qualität und vor allem

eine umweltschonende Herstellung achtet, tut er das auch bei der Lieferantenauswahl. Leider kommt das beim Einkaufsleiter nicht gut an. Dieser weist Herrn G. an, künftig Lieferanten in die Auswahl mit-einzubeziehen, die einen deutlich geringeren Preis verlangen. Herr G. nimmt diese Anbieter gründlich unter die Lupe und holt zusätzliche Informationen ein. Dabei stellt er fest, dass drei neue Anbieter, die einen extrem günstigen Preis anbieten, gesetzliche Umweltauflagen umgehen und in einigen Ländern Menschen zu einem Hungerlohn arbeiten lassen. Herr G. ist nicht bereit, derartige Machenschaften zu unterstützen, und lehnt diese Anbieter ab. Sein Vorgesetzter führt mit ihm ein ernstes Gespräch und weist ihn darauf hin, dass er von Herrn G. erwartet, dass er trotz seiner Bedenken diesen Anbietern Aufträge erteilt. Herr G. ist völlig fertig. Er tut wie ihm befohlen, merkt aber in den nächsten Wochen, dass ihn sein Job immer unglücklicher macht.

Ganz anders Frau V. Auch sie ist Mitarbeiterin der Einkaufsabteilung, in der Herr G. tätig ist. Schon seit Wochen beäugt sie argwöhnisch die Aktivitäten von Herrn G. Na ja, wenn sie ehrlich ist, hat Herr G. natürlich auf einer gewissen Ebene recht. Aber wer kann sich schon den Luxus leisten, mit diesen idealistischen Vorstellungen von Fairness an die Arbeit zu gehen? Letztlich zählt im Einkauf doch nur eines – die Reduzierung der Kosten mit möglichst geringen qualitativen Einbußen. Also blendet Frau V. die Informationen von Herrn G. aus und sucht sich die günstigsten Anbieter auf dem Markt. Sie hinterfragt nicht, warum deren Leistungen und Produkte so viel günstiger sind als die von anderen. Sich das zu fragen, macht das Leben nur schwerer, denkt sie. Sie lebt nun mal nicht in Afrika, wo die Menschen unfair entlohnt werden, und ehrlich gesagt interessiert sie das auch nicht. Schließlich muss sie selbst schauen, dass sie im deutschen System gut durchkommt und ihren Job behält.

Auswertung der Beispiele

Bei Herrn G. ist der Wert Idealismus stark ausgeprägt. Er muss bei seiner Jobsuche darauf achten, dass er diesen Wert beruflich leben kann – wenn auch vielleicht mit kleinen Einschränkungen. Für Frau V. ist Idealismus im Beruf weniger wichtig und in ihrer Karriere-DNA macht er nur einen kleinen Bestandteil aus.

Körperliche Aktivität

Jeder von uns hat einen gewissen Bewegungsdrang, der jedoch unterschiedlich stark sein kann. Es gibt Menschen, die problemlos den ganzen Tag am Schreibtisch sitzen können, und solche, die das kaum zwei Stunden am Stück aushalten.

Frau L. ist Personal Fitness Coach. Sie trainiert Menschen in einem Fitnessstudio und gibt dort Spinning- und Aerobic-Kurse. Viele Jahre zuvor hat sie als kaufmännische Angestellte in einem Unternehmen gearbeitet. Das hatte auch seine Vorzüge, aber Frau L. war dort zunehmend unzufrieden. Dieses permanente Sitzen auf dem Schreibtischstuhl machte sie regelrecht wahnsinnig. Sie liebt es, sich zu bewegen, und ist am liebsten immer in Aktion. Vor drei Jahren brachte sie ein Freund auf die Idee, sich beruflich zu verändern. Nach einer Ausbildung zur Fitnesstrainerin arbeitet sie nun in diesem Bereich. Auch wenn es nicht immer einfach ist, hat sich die berufliche Zufriedenheit von Frau L. deutlich erhöht. Heute kann sie sagen, dass sie mit ihrer Tätigkeit glücklich ist. Die ständige Bewegung im Alltag ist ihr einfach wichtig.

Herr I. ist kein besonders kräftiger und starker Mann. Schon als Kind war er eher schmächtig und auch heute wiegt er bei einer Größe von 1,75 Meter gerade einmal 62 Kilo. Nach dem Realschulabschluss hat er eine Ausbildung zum Gerüstbauer absolviert. Er fand die Tätigkeit zwar interessant, so richtig Spaß hatte er dabei aber nie. Zwar hat er in den ersten Jahren Muskeln aufgebaut, aber das viele Tragen und die Gewichte machen ihm bis heute zu schaffen. Er war noch nie ein Mensch, der sich gern körperlich betätigt. Vor einem Jahr hatte er einen Bandscheibenvorfall und musste operiert werden. Danach durfte er seinen Beruf nicht mehr ausüben. Ihm wurde eine Umschulung angeboten. Nun arbeitet er seit einigen Wochen im Büro. Unabhängig vom Bandscheibenvorfall ist er sehr froh, nicht mehr körperlich arbeiten zu müssen. Im Nachhinein erkennt er, dass seine Berufswahl falsch war. Ständig war er körperlich überfordert. Er empfindet seine jetzige Tätigkeit als große Entlastung und ist beruflich zufriedener als zuvor.

Die beiden Beispiele zeigen, dass auch das Grundbedürfnis bzw. der Wert der körperlichen Aktivität individuell ausgeprägt ist und dass der Job dazu passen muss. Ansonsten kann sich keine berufliche Zufriedenheit einstellen.

Macht

Macht zu haben bedeutet, auf Menschen oder Prozesse Einfluss ausüben zu können. Dieser Einfluss kann um seiner selbst willen ausgeübt werden oder um ein bestimmtes Ziel zu erreichen. Menschen, denen Macht wichtig ist, streben nach Erfolg und sind sehr leistungsorientiert. Gezeigt wird Macht über Symbole, die nonverbal signalisieren, über wie viel Macht eine Person verfügt. Dazu zählen zum Beispiel die Berufs- oder Positionsbezeichnung, der Firmenwagen, das Büro und dessen Ausstattung, die Kleidung sowie die Entscheidungsbefugnisse.

Herr H. ist vor einigen Wochen zum Leiter der Buchhaltung befördert worden. Er freut sich über die Gehaltserhöhung, ansonsten fühlt er sich in seiner neuen Position jedoch nicht wirklich wohl. Er hat 20 Mitarbeiter und wurde nun schon von seinem Chef darauf angesprochen, einen davon zu kündigen. Außerdem soll er die Abteilung restrukturieren. Herr H. hat sich im Team deutlich wohler gefühlt. Als Führungskraft ist er nun nicht mehr wirklich ein Teil des Teams – das merkt er deutlich und alle Mitarbeiter lassen es ihn spüren. Er weiß, dass er nun über mehr Macht verfügt, aber das ist ihm eher unangenehm. Er wünscht sich die alten Verhältnisse zurück. Bestimmen, die Richtung vorgeben, Konsequenzen ziehen – all das ist nicht seine Stärke. Wenn er sich mit den anderen Abteilungsleitern in den Meetings befindet, merkt er schnell, dass er nicht zu ihnen gehören möchte. Er empfindet ihre ständigen Machtspiele eher als peinlich. Herr H. hat sich in seinem beruflichen Leben immer sehr über seine Arbeitsleistung definiert. Das Ringen um Macht und Einfluss ist ihm völlig fremd und auch zuwider. Schnell merkt er, dass er von seinen neuen Kollegen nicht in die Gruppe der Abteilungsleiter integriert wird.

Frau T. ist Personalreferentin in einem Kieler Unternehmen. Das Team, in dem sie arbeitet, besteht aus fünf Mitarbeitern. Ihr Chef wird vermutlich seinen Job wechseln und dann wird diese Stelle vakant. Schon seit einigen Wochen überlegt Frau T., wie sie sich für diese Position empfehlen kann. Eines ist ihr klar: Sie will Macht – und zwar mehr, als sie derzeit hat. Sie fällt gerne Entscheidungen, trägt gern Verantwortung und hat Spaß daran, etwas Neues zu gestalten. Das motiviert sie in ihrem Job ungemein. Frau T. weiß ganz genau, dass sie diese Veränderung will, und fühlt sich für die damit verbundenen Herausforderungen gewappnet.

Herr H. und Frau T. – zwei Menschen mit unterschiedlich stark ausgeprägtem Machtstreben. In der Karriere-DNA von Herrn H. ist Macht als Wert kaum enthalten, in der von Frau T. ist sie dagegen ein wichtiger Bestandteil. Um berufliche Zufriedenheit zu erlangen, wäre es allein schon aufgrund dieses Faktors für Herrn H. wichtig, wieder nach einer Tätigkeit im Team ohne Führungsverantwortung zu suchen. Frau T. sollte dagegen entweder im jetzigen oder in einem anderen Unternehmen eine Führungsposition übernehmen.

Auswertung der Beispiele

Neugier

Neugierige Menschen möchten gerne immer weiter lernen. Für sie ist nie der Zeitpunkt gekommen, an dem sie sagen würden, jetzt habe ich genug gelernt. Die Anhäufung von Wissen bzw. das Erlernen neuer Kompetenzen motiviert sie. Sie haben eine offene Art und lassen sich gerne auf neue berufliche Abenteuer ein.

Frau M. ist Ärztin. Bereits im Studium stellte sie fest, dass ihr vor allem die Forschung sehr wichtig ist. Es gibt für sie kaum ein beglückenderes Gefühl, als Untersuchungen und Tests durchzuführen und diese auszuwerten. Leider war in München keine Stelle als wissenschaftliche Mitarbeiterin frei, dafür hätte sie nach Hamburg umziehen müssen, was sie nicht wollte. Daher verzichtete sie auf eine wissenschaftliche Laufbahn und fing in einem Krankenhaus an. In den

ersten Monaten machte ihr die Arbeit Spaß. Sie war gefordert, sich
viel neues Wissen anzueignen, und musste daher jeden Abend und
am Wochenende lernen. Daran hatte sie Freude, obwohl ihr Privatle-
ben darunter etwas litt. Irgendwann beherrschte sie jedoch die we-
sentlichen Arbeitsvorgänge und -schritte. Sie wurden zur Routine,
und Routine langweilt sie. Frau M. wird immer unzufriedener und
stellt fest, dass sie mehr und mehr ihrer verpassten wissenschaftli-
chen Karriere nachtrauert.

Herr C. würde sich selbst als Generalist und Unternehmer beschrei-
ben. Es macht ihm Spaß, schnell operative Entscheidungen zu tref-
fen. Er ist der Mann fürs Grobe und es interessiert ihn weniger, wa-
rum die Dinge so sind, wie sie sich darstellen. Vielmehr geht es ihm
um die schnelle Bewegung. Wenn er ehrlich zu sich selbst ist, muss er
zugeben, dass er immer wieder die gleichen Texte abspult und nach
bekannten Handlungsmustern entscheidet. Er hat wenig Interesse
daran, Neues zu lernen – das ist für ihn anstrengend, und er möch-
te es im Berufsleben leicht haben. Manchmal wird sein Handeln als
oberflächlich und schematisch bezeichnet, aber das macht ihm we-
nig aus. Ihm reicht das, was er hat und kann.

Auswertung der Beispiele Frau M. hat den falschen Job. Sie ist neugierig und möchte dazulernen. Es geht ihr um zusätzliches Wissen. Dieses Bedürfnis – dieser
Wert – ist in ihrer Karriere-DNA stark ausgeprägt. Wenn sie diesen
Wert dauerhaft nicht leben kann, wird sie mit großer Wahrschein-
lichkeit keine berufliche Zufriedenheit erlangen. Anders Herr C.
Er hat kein großes Interesse daran, Neues zu erlernen, und ist mit
dem bereits erarbeiteten Wissen zufrieden.

Ordnung

Ordnungsliebende Menschen brauchen eine klare Struktur. Im
beruflichen Kontext kann das eine klare personelle oder organi-
satorische Zuständigkeit bedeuten oder auch einen transparenten
Ablaufplan in der eigenen Abteilung. Letztlich wird der Arbeits-
stil einer ordnungsliebenden Person ein anderer sein als der eines

Menschen, dem dieser Wert weniger wichtig ist. Hinter der Ordnungsliebe steht unter anderem das Bedürfnis nach Stabilität und Sicherheit.

Ursprünglich wollte Frau K. einen künstlerischen Beruf ergreifen. Da sie jedoch von der Kunstakademie abgelehnt wurde, absolvierte sie stattdessen eine Ausbildung zur Steuerfachangestellten. Das war nicht ihre Idee, sondern der Wunsch ihrer Eltern, denen es wichtig war, dass sie „etwas Solides" macht. Schon die Ausbildung war eine Qual für Frau K, aber sie war noch um ein Vielfaches einfacher als ihr heutiger beruflicher Alltag in einer Steuerkanzlei. Frau K. hat das Gefühl, in einer Zwangsjacke zu leben. Es geht den ganzen Tag um Zahlen – die bis auf Nachkommastellen stimmen müssen – und um die Ablage von Schriftstücken. Sie kontrolliert Fristen und trägt diese ein. Frau K. ist innerlich am Ende. Abends versucht sie, sich aus diesem Ordnungskorsett zu lösen, indem sie in ihrem Arbeitszimmer wilde Performances auf die Leinwand bringt.

Herr N. war jahrelang Verwaltungsangestellter in einer Behörde. Aufgrund eines Umzugs wagte er den Schritt vom öffentlichen Dienst in die freie Wirtschaft. Heute arbeitet er im Vertriebsinnendienst und hat im Wesentlichen die Aufgabe, die interne Struktur abzubilden. Die Arbeit gefällt ihm gut und er erntet viel Lob für seine Tätigkeit. Allerdings hat er immer wieder Schwierigkeiten mit den internen Prozessen. Er ist es gewohnt – und schätzt es auch sehr –, dass vorgegebene Wege und Strukturen in der Abteilung eingehalten werden. Unter seinen Kollegen in der Behörde war das ein ungeschriebenes Gesetz, an das sich jeder hielt. Ganz anders beim neuen Arbeitgeber. Immer wieder erhält er Aufträge von Abteilungen, die die Struktur verletzen – und auch im Team überschreitet der ein oder andere Kollege immer mal wieder seinen Kompetenzbereich. Herr N. ist damit äußerst unzufrieden und ihn überfordert dieses flexible Denken. Er fühlt sich mittlerweile nicht mehr wohl in seinem Job und sehnt sich nach den alten Zeiten zurück.

Frau K hat eine geringe Ausprägung des Wertes Ordnung – Herr N. dagegen eine sehr starke. Beide haben bezogen auf diesen einen Wert, der Teil ihrer Karriere-DNA ist, nicht den Job, der am besten zu ihnen passt.

Rache

Rache ist das Bedürfnis, mit Leuten abzurechnen, die uns enttäuschen oder angreifen. Es kann Befriedigung verschaffen, den eigenen Standpunkt zu vertreten und zu verteidigen, während die Nichtbefriedigung dieses Bedürfnisses den Kampfgeist anstachelt und möglicherweise zu Ärgerreaktionen führt. Rache ist die Motivation für Wettbewerbsgeist. Wettbewerbsorientierte Menschen sind nicht notwendigerweise körperlich aggressiv, aber sie sind leicht bereit, anderen entgegenzutreten. Sie gewinnen einfach gern.

Herr D. ist in seiner Firma dafür bekannt, schnell „auf Zinne zu sein". Schon kleine Handlungen von Kollegen, die ihm nicht passen, zahlt er den anderen eins zu eins zurück. Er scheut keine Konfrontation. Dadurch macht er sich zwar nicht gerade Freunde, aber man akzeptiert mittlerweile seine Art. Fast könnte man meinen, er hat Freude an seinem Verhalten. Offenbar sucht er immer wieder nach einem Grund, sich mit anderen anzulegen.

Ganz anders Herr Z: Auch wenn Kollegen ihn unfair behandeln oder versuchen, sich mit ihm anzulegen, kommt es zu keiner Konfrontation. Herr Z. ist ein überzeugter Verfechter der gewaltfreien Kommunikation und bevorzugt das lösungsorientierte Gespräch. Sobald er das Gefühl hat, jemand möchte sich mit ihm anlegen, weicht er dieser Konfrontation aus.

Das Lebensmotiv Rache ist bei diesen beiden Herren gegensätzlich ausgeprägt. Während Herr Z. alles daran setzt, Konfrontationen zu vermeiden, sucht Herr D. regelrecht den Konflikt und hat sichtlich Freude daran.

Ruhe

Ruhe steht als Wert für einen Zustand der Entspannung und auch für emotionale Sicherheit. Nun gibt es sicher kaum einen Job, der immer entspannend ist. Allerdings gibt es berufliche Tätigkeiten, bei denen Stress an der Tagesordnung ist, und solche, die sich tendenziell eher wie ein ruhiger Fluss durch das Gebirge ziehen.

Frau S. war schon zeit ihres Lebens ein Mensch, für den Ruhe und emotionale Sicherheit einen hohen Wert darstellen. Schon als Kind und auch später als Erwachsene fühlte sie sich nur dann richtig wohl, wenn das Umfeld eine entspannte Atmosphäre zuließ. Auf Hektik reagiert sie mit heftiger Abwehr. Sie hat sich schon immer Arbeitsbereiche gesucht, in denen Ruhe und Entspanntheit wesentliche Faktoren sind. Ganz sicher spielte das auch bei der Wahl ihrer aktuellen Tätigkeit eine Rolle: Sie ist angestellte Yogalehrerin. Da das jedoch nicht viel Geld bringt, hat sie zwischenzeitlich mit dem Gedanken gespielt, ein eigenes Yogazentrum zu gründen. Aber der damit verbundene Stress und die unternehmerische Aktivität würden ihr nicht guttun – das weiß sie genau. Sie beschäftigt sich in ihren Kursen mit dem, was ihr wichtig ist: der Zentrierung im Leben. Das mag für einige zu wenig sein, aber es passt genau in ihr persönliches Lebenskonzept.

Herr J. hat bis vor Kurzem im Vertrieb eines Start-ups gearbeitet. Dort war es alles andere als ruhig. Von Anfang an stand er unter enormem Erfolgsdruck. Da das Unternehmen sich erst einmal am Markt positionieren musste, veränderten sich häufig die Angebote und auch die Zielgruppe. Herr J. hat das drei Jahre lang sehr gerne mitgemacht, dann aber gemerkt, dass er sich nun nach ruhigerem Fahrwasser sehnt. In der Hoffnung, dieses zu finden, wechselte er zu einem Familienunternehmen. Dort sollte er den Vertrieb unterstützen. Herr J. war sich sicher, dass er in diesem Unternehmen die Ausgewogenheit finden würde, nach der er suchte. Doch es kam anders als geplant: Der Arbeitsplatz ist erheblich ruhiger und auch weniger dynamisch, als Herr J. es braucht, um sich wohlzufühlen. In den ersten

Wochen war es für ihn noch erholsam, endlich einmal den perma-
nenten Stress hinter sich zu lassen. Zwar gab es auch beim neuen Ar-
beitgeber einiges zu tun, das Tempo war jedoch nicht mit seiner al-
ten Arbeitsstelle zu vergleichen. Nach vier Wochen bemerkte Herr J.,
dass es ihm zu ruhig wurde, und er suchte neue Projekte und Auf-
gaben – allerdings vergeblich, es scheiterte am Firmeninhaber. Drei
Monate später ist Herr J. der festen Überzeugung, dass der Job nicht
zu ihm passt. Er wollte zwar etwas mehr Ruhe und Sicherheit – aber
auch da gibt es offenbar ein Zuviel. Etwas Bewegung und Dynamik
braucht er eben doch, damit er zufrieden ist. Herr J. ist wieder auf der
Suche nach einer neuen beruflichen Herausforderung.

Auswertung der Beispiele Frau S. hat in ihrer Karriere-DNA eine starke Ausprägung des Bedürfnisses nach Ruhe und emotionaler Sicherheit. Auch für Herrn J. ist dieser Wert bzw. dieses Grundbedürfnis wichtig, aber eher in einer mittleren Ausprägung. Frau S. hat den für sie richtigen und passenden Beruf gefunden – zumindest im Hinblick auf den Wert Ruhe auf ihrer Karriere-DNA. Herrn J. stehen dagegen noch einige Veränderungen bevor und er ist gut beraten, genau zu analysieren, wie viel Ruhe er benötigt, um sich wohlzufühlen, und an welchen Faktoren er dies festmacht.

Sparen/Sicherheit

Einigen Menschen ist es wichtig, materielle Güter anzuhäufen und ein möglichst großes Vermögen aufzubauen. Menschen, die dieses Bedürfnis in sich spüren, haben eine große Ausprägung des Wertes Sparen. Für sie ist es wichtig, sich durch ihren Beruf etwas aufzubauen, das man sehen kann. Frei nach dem Motto: mein Haus, mein Auto, mein Boot ... Dieses Grundbedürfnis geht einher mit den Motiven Macht und Status und kann sich mit diesen überschneiden. Allerdings dienen Eigentum und materielle Güter im Zusammenhang mit Macht und Status eher dazu, diese Eigenschaften nach außen sichtbar zu repräsentieren. Beim Wert Sparen geht es dagegen mehr um den Besitz an sich und die damit verbundene (materielle) Sicherheit.

Sparen können Sie in (fast) jedem Job. Je mehr Geld Sie verdienen, desto mehr können Sie natürlich auch auf die Seite legen – es sei denn, mit steigendem Gehalt erhöhen sich auch Ihre Ausgaben, da Sie zum Beispiel Ihren Lebensstandard dem Gehalt nach oben hin anpassen. Menschen, bei denen der Wert des Sparens jedoch besonders stark ausgeprägt ist, werden im Zweifel eher ein Unternehmen bevorzugen, bei dem sie einen sicheren Arbeitsplatz innehaben und das ihnen ein angemessenes Gehalt zahlt. Viele Unternehmen zahlen Mitarbeitern heute neben einem relativ geringen Fixum einen variablen Gehaltsbestandteil, der zwar höher ausfallen kann, aber mit einem Risiko behaftet ist – für Menschen, die gerne sparen, ist dieses Modell weniger geeignet.

Frau T. bewirbt sich in einem Biotechnologieunternehmen, das gerade neu gegründet wurde. Sie freut sich auf die neue Herausforderung und ist gespannt auf das Vorstellungsgespräch. Jahrelang hat sie in einem großen Konzern gearbeitet. Ihr Job ist zwar gut bezahlt, aber in letzter Zeit fehlt ihr zunehmend die Möglichkeit, eigene kreative Ideen einzubringen. In dem Vorstellungsgespräch beim potenziellen neuen Arbeitgeber kommt die Personalleiterin irgendwann auch auf das Thema Gehalt zu sprechen. Frau T. rechnet mit ähnlichen Konditionen wie bisher, denn immerhin bringt sie viel Berufserfahrung mit. Umso erstaunter ist sie, als man ihr nur 60 Prozent ihres alten Gehaltes als Fixum anbietet. Der Rest soll ihr in Aktienoptionen des neuen Unternehmens gezahlt werden, die sie in drei Jahren einlösen kann. Es besteht also die Chance, letztlich eine weitaus größere Summe zu erhalten, als sie bei ihrem aktuellen Gehalt verdienen würde, doch ist das natürlich nicht ohne Risiko. Frau T. wirft dieses Angebot kurz aus der Bahn. Natürlich freut sie sich auf die neue und anspruchsvolle Tätigkeit. Sie weiß aber auch, dass ihr finanzielle Sicherheit und ein regelmäßiges Einkommen wichtig sind. Sie besitzt eine Eigentumswohnung und muss das Darlehen jeden Monat bedienen. Das wird allein mit dem angebotenen Fixum kaum möglich sein.

Herr K. bewirbt sich bei der gleichen Firma. Seit er denken kann, lebt er von der Hand in den Mund. Geld und materielle Güter haben für ihn keine große Bedeutung. Für ihn zählt nur, die notwendigen Kosten im Monat zu decken – ein darüber hinausgehendes Sparen hält er für überflüssig. Er selbst behauptet von sich, in der Gegenwart zu leben und nicht für das Alter zu sparen. Wer weiß, wie alt er tatsächlich wird? Vielleicht erreicht er die 60 gar nicht – dann hat er bis dahin wenigstens Spaß am Leben gehabt und alles mitgenommen, was ihm möglich war. Als ihm ein ähnliches Angebot wie Frau T. unterbreitet wird, schlägt er sofort ein. Das Fixum ist zwar nicht hoch, reicht aber für seine monatlichen Kosten. Und das „Spielgeld" in Form von Aktienoptionen nimmt er gerne mit – plant es aber nicht bewusst mit ein.

Auswertung der Beispiele Frau T. und Herr K. haben einen unterschiedlich stark ausgeprägten Wert des Sparens in ihrer Karriere-DNA. Während das Sparen für Frau T. eine wesentliche Bedeutung im Leben hat, ist dieses Motiv bei Herrn K. eher unterrepräsentiert.

Status/Prestige

Menschen mit einem stark ausgeprägten Statusmotiv fühlen sich zu allem hingezogen, was mit Prestige im weitesten Sinne zu tun hat: Reichtum, Titel, Ruhm, Prominenz, gesellschaftliche Stellung usw. Ihr Ruf ist diesen Menschen sehr wichtig. Menschen mit einem schwach ausgeprägten Statusmotiv sind hingegen mit Reichtum und Ruhm nicht leicht zu beeindrucken. Sie achten meist nicht darauf, wie andere auf sie blicken.

Frau A. war es schon immer wichtig, einen Doktor-Titel zu tragen und in einem eigenen Büro zu sitzen. Sie definiert sich über Titel, auch wenn das andere Menschen vielleicht merkwürdig finden. Sie ertappt sich auch dabei, die Nähe von Kollegen zu suchen, die über ähnliche Statussymbole verfügen. Natürlich weiß sie, dass Titel im Leben nicht glücklicher machen. Ihr verschafft ihr Titel aber eine ganz besondere, tiefe Befriedigung, und daher war ihr Streben danach für sie auch richtig. Den Trend des sogenannten „Downsizings" kann sie gar nicht verstehen. Wofür soll das gut sein? Für sie käme es nie infrage, ihr Einzelbüro und ihre sonstigen Privilegien aufzugeben.

Herr Z. sieht das etwas anders. Er freut sich sehr darüber, dass heute ein Trend zu flachen Hierarchien im Management erkennbar ist. Endlich werden diese ganzen Statussymbole von Führungskräften abgeschafft, so hofft er zumindest. Er fand es schon immer lächerlich, wenn seine Kollegen sich über ihre jeweiligen Insignien der Macht im Job definiert haben, irgendwie auch „arm", so seine Meinung. Er selbst ist ebenfalls Führungskraft, doch möchte er deswegen keine „Extrawurst". Auf Flügen verzichtet er auf Plätze in der Business Class, und es muss auch nicht immer das teuerste Businesshotel sein. Sein Einzelbüro in der Firma hat er nie bezogen, denn er fühlt sich im großen Büro bei seinen Mitarbeitern wohler. Allerdings muss er ehrlich zugeben, dass nicht alle seine Chefs und Kollegen Verständnis für ihn haben. Der ein oder andere quittiert derartige Entscheidungen mit einem Kopfschütteln.

Für Frau A. sind Status und Prestige und die damit verbundenen Statussymbole und Privilegien von großer Bedeutung, während Herrn Z. all diese Dinge eher überflüssig erscheinen. Beide müssen damit rechnen, dass ihre jeweilige Einstellung bei Menschen mit stark gegensätzlicher Ausprägung des Motivs Status/Prestige auf Unverständnis stößt.

Auswertung
der Beispiele

Unabhängigkeit

Der letzte Wert bzw. das letzte Grundbedürfnis, das hier vorgestellt werden soll, ist der Wunsch nach Unabhängigkeit. Darunter versteht man einen starken Freiheitsdrang. Unabhängige Menschen sind sich selbst genug und brauchen keine oder nur wenige feste Strukturen.

Frau D. hat jahrelang im Angestelltenverhältnis gearbeitet, was durchaus Vorteile für sie hatte. Doch vor zwei Jahren wurde eine innere Stimme immer lauter. Sie fühlte sich von den Unternehmens-

strukturen eingeschränkt. Zwar boten diese ihr auch Sicherheit, aber sie spürte immer deutlicher, dass ihr ihre Unabhängigkeit wichtig war. Vor drei Monaten wagte sie dann den Sprung in die Selbstständigkeit. Frau D. weiß, dass sie nun natürlich von Kunden abhängig ist und daher nicht völlig unabhängig vom Rest der Welt arbeiten kann. Aber allein dass sie nun selbst entscheiden kann, wann sie arbeitet und in welcher Form und welche Produkte und Leistungen sie am Markt anbietet, gibt ihr das Gefühl der Unabhängigkeit. Auch wenn sie sich erst einmal am Markt etablieren muss, ist ihr schon jetzt klar, dass sie nie wieder in ein Angestelltenverhältnis zurückgehen wird.

Ganz anders Herr P. Auch er machte sich nach jahrelanger Tätigkeit als Angestellter in einem Unternehmen selbstständig. Anders als gedacht kann er jedoch mit der ihm nun zur Verfügung stehenden Freiheit gar nicht umgehen. Ganz im Gegenteil, sie bedroht ihn. Er vermisst die Einbindung in eine Struktur und ist innerlich völlig verunsichert. Unabhängigkeit hat er sich anders vorgestellt.

Auswertung der Beispiele

Frau D. hat eine hohe Ausprägung des Wertes Unabhängigkeit und dementsprechend das Bedürfnis, unabhängig zu arbeiten. Bei Herrn P. ist dieser Wert dagegen deutlich geringer ausgeprägt. Insofern ist ihm anzuraten, sich eine entsprechende Struktur und Einbindung zu suchen. Dies ist eventuell auch in einer Selbstständigkeit möglich, wenn er zum Beispiel Kooperationen eingeht und mit anderen Geschäftspartnern fest zusammenarbeitet. Generell ist es für ihn wichtig, Verpflichtungen einzugehen, die seine gefühlte Unabhängigkeit wieder mit Sicherheit untermauern.

Werte analysieren

Vielleicht haben Sie in den Beschreibungen hier Ihre eigenen Werte schon wiedererkannt? Sie haben jetzt die Möglichkeit, diese näher zu untersuchen.

Betrachten Sie nun die 16 Werte bzw. Lebensmotive und lesen die eventuell auch noch einmal zugehörigen Erläuterungen und Beispiele. Überlegen Sie, welche Bedeutung jedes Lebensmotiv in Ihrem Leben hat, und bewerten Sie es auf einer Skala zwischen 0 (nicht wichtig) und 10 (sehr wichtig), indem sie die entsprechende Stelle markieren:

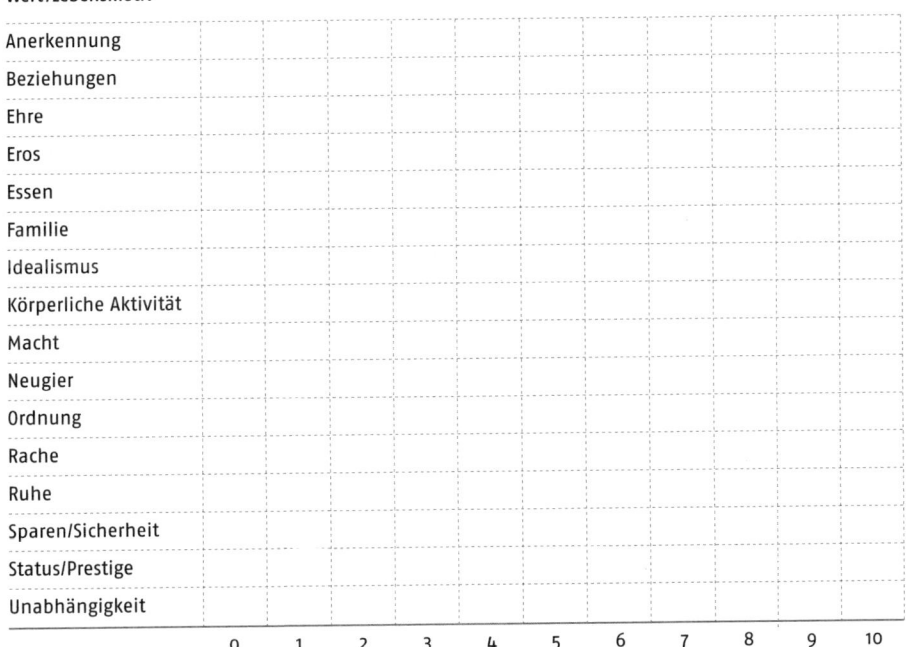

Wert/Lebensmotiv

Anerkennung
Beziehungen
Ehre
Eros
Essen
Familie
Idealismus
Körperliche Aktivität
Macht
Neugier
Ordnung
Rache
Ruhe
Sparen/Sicherheit
Status/Prestige
Unabhängigkeit

0 1 2 3 4 5 6 7 8 9 10

Legen Sie nun das Blatt mit Ihren Lebenssäulen daneben und denken Sie darüber nach, in welcher Lebenssäule Sie welchen Ihrer Werte leben können. Erstrecken sich Ihre Werte über Ihr gesamtes Lebenshaus oder reicht es auch aus, dass Sie den ein oder anderen Wert nur in einem Bereich ausleben? Und wenn ja, wie genau sieht das aus?

Doch was können Sie tun, wenn Sie nun feststellen, dass Sie einen Wert, der Ihnen sehr wichtig ist, aktuell nicht in Ihr Leben integrieren können? Darauf können wir Ihnen aus der Ferne in diesem Buch keine pauschale Antwort geben. Auf jeden Fall sollten Sie kritisch hinterfragen, wie es zu dieser Situation kommen konnte. Denn unsere Annahme und Überzeugung ist, dass Sie Ihre Werte und Lebensmotive weitestgehend in Ihr Leben integrieren sollten, um Zufriedenheit zu erlangen.

- -

Die Coaching-Gruppe trifft sich wieder

Kommen wir nun zurück zu unserer Coaching-Gruppe. Während der vergangenen vier Wochen haben wir von den Teilnehmerinnen kaum etwas gehört. Es gab zwei Anfragen, im Einzelcoaching weiterzuarbeiten. Wir haben uns aber entschlossen, zunächst diese Gruppe abzuschließen und erst danach Einzelcoachings anzubieten. Wir befürchten, dass ansonsten die ein oder andere Teilnehmerin bereits „weiter" ist als die anderen, was das gemeinsame Arbeiten erschweren würde.

Nach vier Wochen sehen wir uns also wieder. Alle Teilnehmerinnen sind pünktlich, bis auf Marion. Wir warten zehn Minuten auf sie und werden belohnt. Marion hatte Pech mit dem Zug, der Verspätung hatte. Sie entschuldigt sich für die Verspätung und wir beginnen mit unserer zweiten Coaching-Einheit.

Da wir wieder nur zweimal drei Stunden zur Verfügung haben, halten wir die Willkommensrunde kurz. Wir bitten jede Teilnehmerin, in maximal drei Minuten über ihre Erfahrungen in der Zwischenzeit zu berichten. Drei der Teilnehmerinnen haben sich tatsächlich noch einmal mit der Übung zum Lebenshaus befasst und ihre Lebenssäulen noch etwas differenzierter dargestellt. Insgesamt erhalten wir das Feedback, dass alle von der nachhaltigen Wirkung der Übung positiv überrascht waren und gerne an diese Lernerfahrung anknüpfen möchten.

Unser erster Themenschwerpunkt heute lautet: „Dem eigenen Leben einen Sinn geben – was ist Ihnen in Ihrem Leben wichtig?" Carmen Schön schreibt diese Überschrift auf das Flipchart.

Wir stellen kurz die 16 Werte bzw. Lebensmotive vor und verteilen dann ein Blatt Papier an die Teilnehmerinnen, auf dem diese noch einmal aufgelistet sind. Jede Teilnehmerin erhält die Aufgabe, sich die Werte in Ruhe durchzulesen und dann anhand einer Skala von 0 (nicht wichtig) bis 10 (sehr wichtig) zu bewerten, wie wichtig ihr das jeweilige Lebensmotiv ist. Nachdem kleinere Rückfragen geklärt sind, bitten wir alle, sich 45 Minuten lang alleine mit der Übung zu beschäftigen und sich danach mit selbst gewählten Partnerinnen in einem Zweier- bzw. Dreiergespräch weitere 30 Minuten über die Ergebnisse und Erfahrungen auszutauschen.

Während Julia, Gaby und Marion sichtlich gespannt auf diese Übung sind, haben wir bei Evgenia und Ana das Gefühl, dass es den beiden nicht schnell genug vorangeht. Ihre Rückfragen zeigen uns, dass sie den Sinn der Übung möglicherweise für sich aktuell nicht wahrnehmen. Dennoch lassen sie sich davon überzeugen, diese Übung durchzuführen.

Evgenias Wertefundament

Als wir in der großen Gruppe zusammenkommen, eröffnet uns Evgenia, dass sie diese Übung als zu theoretisch empfunden habe. Sie würde sich freuen, wenn wir endlich zu den konkreten Karrierestrategien kämen. Dennoch habe sie sich auf diese Übung eingelassen und sei zu dem folgenden Ergebnis für sich gekommen:

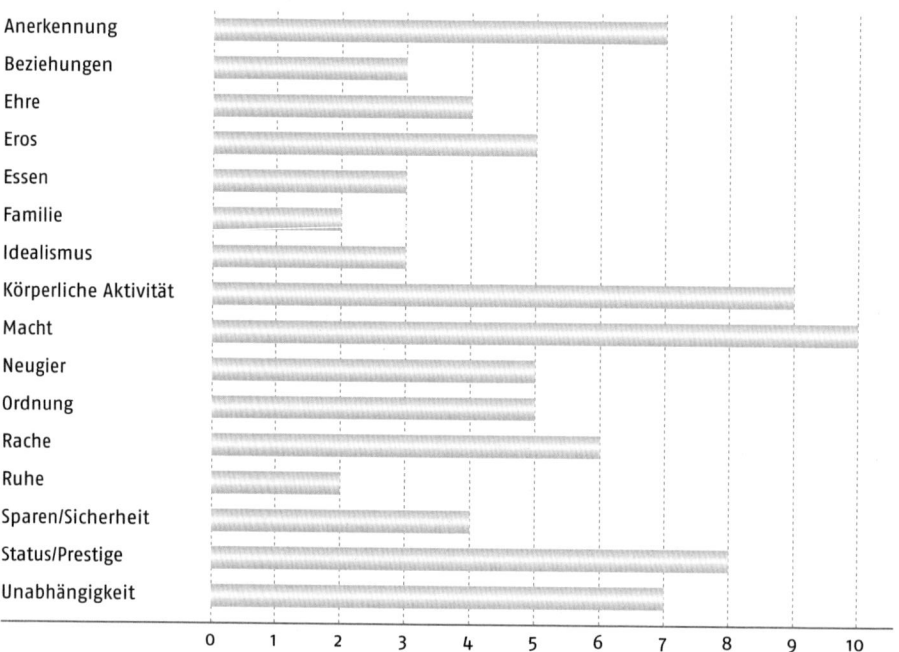

„Wenn ich ganz ehrlich bin, hat mich am meisten das Lebensmotiv ‚Macht' angesprochen. Ich schaue regelmäßig Serien wie ‚Game of Thrones'. Mich interessiert es einfach wahnsinnig, mit welchen taktischen und manipulativen Mitteln Menschen es schaffen, weiterzukommen. Das heißt nicht, dass ich unbedingt auf Kosten von anderen weiterkommen möchte. Mir ist es aber einfach sehr wichtig, Einfluss im Job auszuüben. Warum sonst habe ich mich in den letzten Jahren so sehr engagiert?

Wenn ich darüber spreche, dann merke ich richtig, wie sehr mich das motiviert und dass es nicht nur ein Wert ist, den ich vor allem im Job leben möchte, sondern auch ein großer Motivator. Vielleicht ist das auch ein Grund, warum es nicht so leicht ist, mit mir eine Beziehung zu führen. Ich gebe einfach gern den Ton an und das Gewinnen ist mir wichtig.

Mich hat auch der Wert Status und Prestige stark angesprochen. Wobei es mir tatsächlich mehr darum geht, Einfluss zu besitzen, als materiellen Besitz anzuhäufen. Insofern bin ich nicht ganz sicher, welche Bedeutung dieses Motiv für mich hat. Wiedererkannt habe ich mich aber auf jeden Fall in dem Wert ‚körperliche Aktivität‘. Ich merke, dass ich manchmal wirklich große Schwierigkeiten habe, den ganzen Tag zu sitzen. Das ist eigentlich nicht mein Ding.

Mir kam auch schon der Gedanke, dass es für mich gut wäre, im Vertrieb zu arbeiten. Dann könnte ich mich den ganzen Tag bewegen. Zurzeit gleiche ich den Bewegungsmangel im Job durch meinen Sport aus und lebe diesen Wert eher im privaten Umfeld. Daran könnte ich vielleicht noch einmal arbeiten, vielleicht in meinem nächsten Job. Das mag banal klingen, aber für einen so bewegungsfreudigen Menschen wie mich ist es manchmal eine echte Qual, stundenlang vor dem PC zu hocken und auf den Bildschirm zu starren.“

Anas Wertefundament

Ana möchte sehr gerne als Nächste den anderen ihre Werte präsentieren und fühlt sich durch Evgenias Offenheit sichtlich motiviert. Sie sagt: „Ich finde es super, dass du nicht um den heißen Brei herumredest, sondern Klartext sprichst. Das mit der Macht kann ich sehr gut verstehen. Ich habe davon auch etwas, wenn auch nicht ganz so stark ausgeprägt wie bei dir.

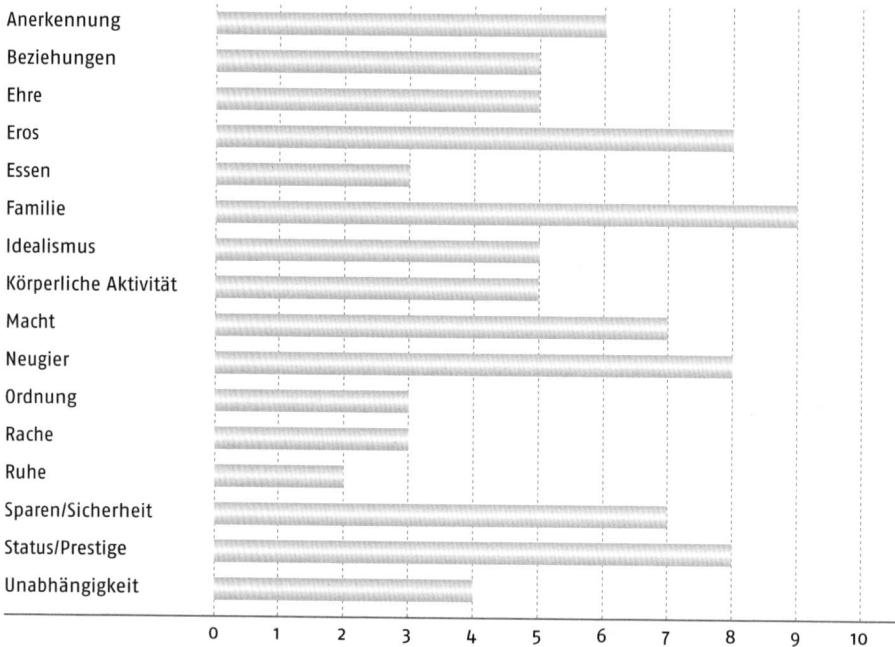

Schönheit
und Geld

Mich spricht der Wert Familie einfach sehr an, auch wenn ich eigentlich etwas mehr davon wegkommen möchte, um mein eigenes Ding zu machen. Ich bin gerne für meine Kinder zu Hause da, aber auch beruflich arbeite ich gerne in einem Team mit anderen zusammen. Ich habe mich bei der Übung eben gefragt, ob auch „Schönheit" und „Geld" Werte sind. Mir ist es wichtig, dass ich gut aussehe und dass die Umgebung, in der ich arbeiten werde, attraktiv ist. Ansonsten kann ich keine guten Leistungen erbringen.

Mut und Neugier

Neugier ist für mich auch ein ganz spannender Aspekt. Ich höre ganz oft von anderen, dass ich sehr mutig und neugierig sei. Ich habe tatsächlich keine oder nur wenig Angst, neue Dinge auszuprobieren. Mich interessiert es, Neues kennenzulernen. Daher würde ich sagen, dass Neugier auch einer der Werte ist, die mir in meinem Leben wichtig sind."

Julias Wertefundament

Von den 16 unterschiedlichen Werten hat Julia vor allem bei Anerkennung, Ordnung, und Familie eine hohe Punktzahl vergeben. Es fiel ihr gar nicht so schwer, diese inneren Motive für sich zu finden.

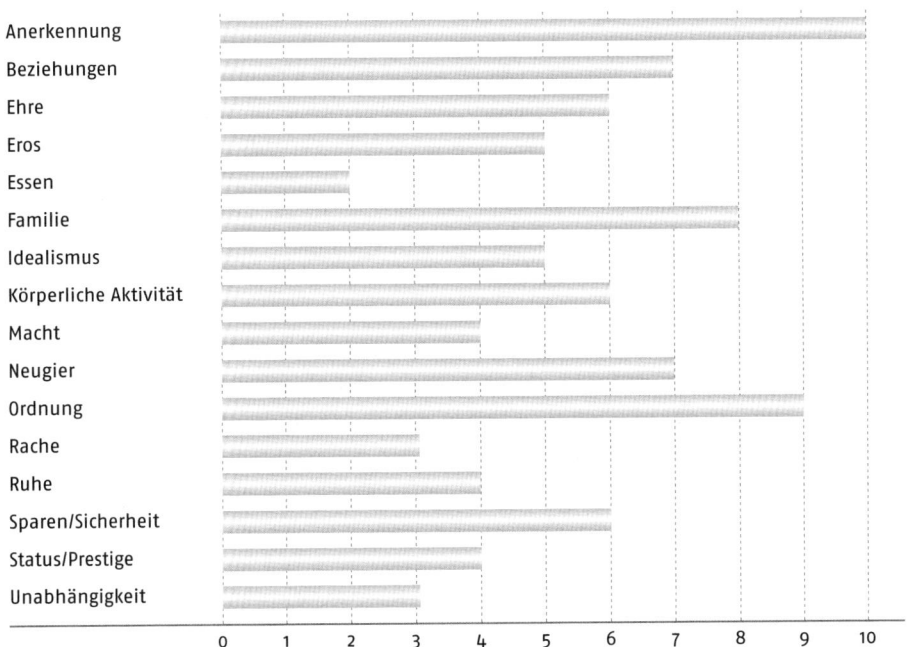

Sie erläutert, dass es ihr sowohl im privaten Umfeld als auch im Job sehr wichtig sei, dass andere Menschen sie anerkennen und wertschätzen. Sie sei nun einmal ein sehr ehrgeiziger Mensch und möchte, dass andere ihre Leistungen auch wahrnehmen und würdigen. Gerade im Job merke sie im Moment, dass die Anerkennung ihres Chefs für sie nicht ausreichend sei. Das demotiviert sie. Es sei für sie daher aktuell sehr wichtig, hier einen anderen Weg zu finden. Vielleicht auch einen, auf dem sie gar nicht mehr so sehr von der äußeren Anerkennung abhängig ist. Das wäre das Allerbeste.

Was ist in Ihrem Leben wichtig? **79**

Ordnung schließt sich bei ihr als zweiter Wert gleich an. Sie habe für sich selbst festgestellt, dass ihr eine Struktur sehr wichtig ist. Das sei aber durch die Doppelbelastung Job und Familie zurzeit sehr schwer umzusetzen. Sie wünscht sich das Gefühl zurück, das sie vor dem Kind hatte: das Gefühl, alles im Griff zu haben. Möglicherweise müsse sie von ihrem Perfektionismus Abschied nehmen, das würde ihr aber wahnsinnig schwerfallen.

Doch obwohl es anstrengend ist, ist sie doch auch sehr glücklich über das erste Kind. Immer wieder stellt sie fest, dass ihr der Familienverbund sehr wichtig ist. Alles wäre für sie nur halb so schön, wenn sie sich nicht abends und am Wochenende in ihre eigene Familie zurückziehen könnte. Gott sei Dank sei Familie auch für ihren Ehemann ein sehr wichtiger Wert, der unter anderem Grundlage ihrer Beziehung ist. Während dieser kurzen Übung sei ihr deutlich geworden, wie schwer es für sie ist, ihren Wunsch nach Anerkennung im Job und ihr Bedürfnis, Zeit für ihre Familie zu haben, harmonisch in Einklang zu bringen. Möglicherweise fühle sie sich deshalb immer, als würde sie zwischen zwei Stühlen sitzen.

Gabys Wertefundament

Gaby geht auch diese Übung etwas zu schnell. Sie merkt, dass sie für solche grundsätzlichen Überlegungen einfach ein paar Tage Zeit benötigt. Aber auch hier sagt sie, dass sie sich am kommenden Wochenende wieder etwas Zeit dafür nehmen möchte. Werte, die sie am meisten angesprochen hätten?

Neugier, Idealismus, Familie und Unabhängigkeit liegen ganz weit vorn. Insofern könne sie sich Julia und Ana anschließen, gerade bei den Werten Familie und Neugier, betont sie. Sie hat selbst in den letzten Jahren immer wieder bemerkt, dass sie sich von Jobs angezogen fühlt, in denen sie etwas Neues entdecken oder etwas tun kann, das ihr am Herzen liegt. Routineaufgaben sind für Sie ein Gräuel. Und das merkt man dann leider auch daran, dass sie

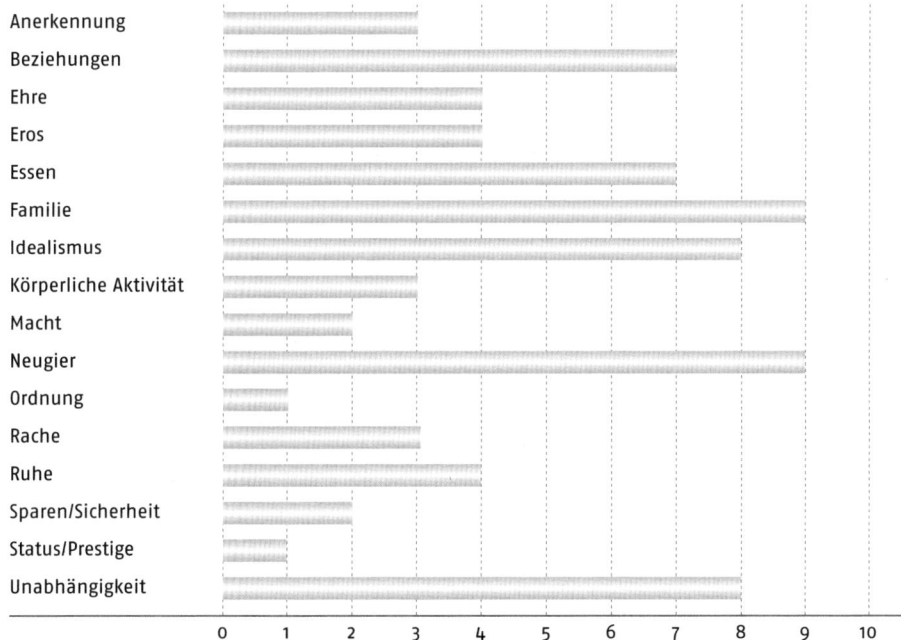

immer sehr viele Flüchtigkeitsfehler macht. Bedauerlicherweise würde diese Suche nach einer neuen Herausforderung immer etwas auf Kosten des Geldes gehen, denn sie käme in ihrem Leben gar nicht dazu, etwas auszubauen und irgendwann auch zu „ernten", wie sie sagt. Aber letztendlich sei ihr das Geld auch einfach nicht so wichtig.

Wahrscheinlich gehe das mit dem Thema Idealismus einher, vermutet sie. Sie habe auch ein starkes Bedürfnis, in der Gesellschaft etwas Neues einzubringen oder das Bestehende zu verbessern. Gerne würde sie sich für faire Verhältnisse, für soziale Gerechtigkeit einsetzen. „Mancher mag darüber lachen, aber mir ist das eine Herzensangelegenheit. Möglicherweise ist es aber gut, wenn ich diesen Wert mehr in meiner privaten Zeit suche und lebe, denn dann kommen auch andere Jobs für mich infrage." So ganz kann sie sich diese Frage selbst noch nicht beantworten.

Idealismus ausleben?

Sicherheit benötigt sie in ihrem Leben weniger. Denn Sicherheit gehe immer zulasten der Unabhängigkeit – für sie ein weiterer sehr wichtiger Wert. Sie brauche weniger Struktur als vielmehr viel Raum zum Atmen. Auch das sei ihr bei ihren bisherigen Jobs immer wieder zum Verhängnis geworden, wie sie selber meint.

Marions Wertefundament

Marion ist es am Anfang etwas schwergefallen, in die Aufgabe zu kommen. Aber nach einigen Minuten seien die Ideen bei ihr nur so gesprudelt, sagt sie. Als zentrale Werte in ihrem Leben definiert sie die Work-Life-Balance bzw. den Wert Familie, das Zusammenarbeiten in einem Team, also die Beziehung, und die eigene Gesundheit, die sie mit Essen und körperlicher Aktivität verknüpft.

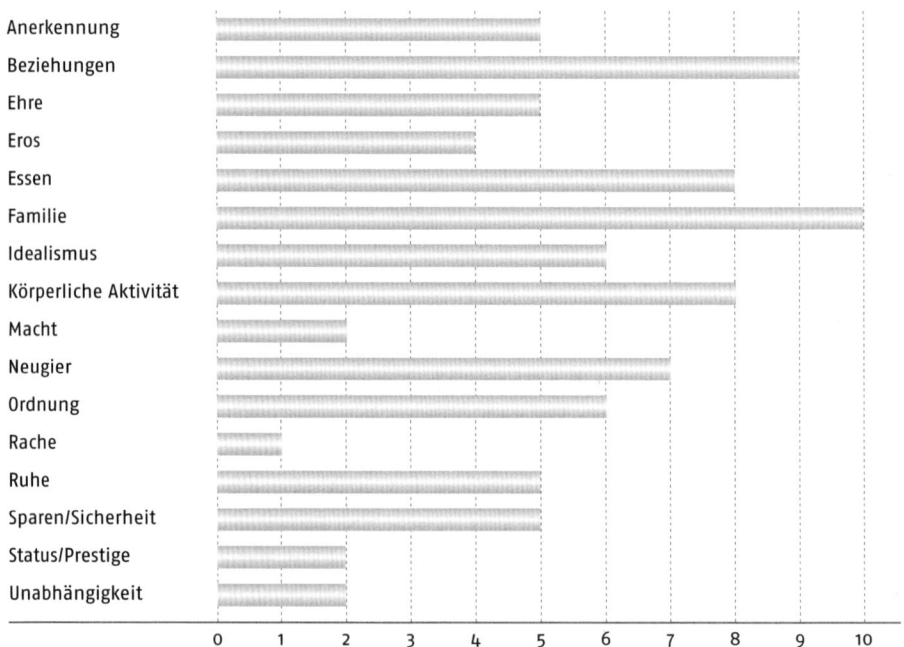

Vor einigen Monaten hatte sie einen Bandscheibenvorfall. Danach sei ihr noch einmal deutlich bewusst geworden, dass sie ihre Gesundheit und ihren Körper viel mehr in den Mittelpunkt ihrer Aufmerksamkeit rücken müsse. Sie hätten auch noch andere Werte und Lebensmotive sehr angesprochen, aber sie wolle sich auf diese drei Bereiche konzentrieren und schauen, was dabei herauskommt.

Gesundheit ins Zentrum rücken

Zeit für eine Pause!

Auch der erste Teil der zweiten Coaching-Session ist wieder wie im Fluge vergangen. Die Teilnehmerinnen haben sich mittlerweile schon gut kennengelernt und der Austausch in den Pausen, aber auch in der großen Runde wird offener und intensiver. Trotz der Unterschiedlichkeit der Frauen scheinen sie sich gut miteinander zu verstehen und von der Vielfältigkeit der Lebensentwürfe, Charaktere und Kompetenzen zu profitieren. Genau das war unsere Idee und wir freuen uns darüber, dass dieses Konzept aufzugehen scheint.

Wie können Sie Resilienz entwickeln?

Im zweiten Teil des heutigen Workshops beschäftigen wir uns mit dem Thema Resilienz. Haben Sie sich schon einmal gefragt, warum manche Menschen trotz offensichtlicher großer Belastungen ihren (Berufs-)Alltag vergleichsweise gut bewältigen und keinen dauerhaften Schaden davontragen, also gesund bleiben oder ihre Gesundheit zügig zurückerobern, während andere schon bei kleinen Anforderungen zusammenzubrechen drohen? Das liegt daran, dass Erstere über Resilienz verfügen.

Resilienz meint die Fähigkeit, dauerhafte Belastungen, neue Herausforderungen und auch Krisen erfolgreich zu bewältigen und sogar gestärkt aus ihnen hervorzugehen. Was resiliente Menschen von anderen unterscheidet, ist also ihre innere Stärke und Widerstandsfähigkeit. Wie das sprichwörtliche Stehaufmännchen lassen sie sich nicht von Ängsten und Zweifeln bestimmen, sondern stehen nach Fehlschlägen immer wieder auf.

Resilienz lohnt sich

Schicksalsschläge wie schwere Krankheiten, Krisen und Leid, aber auch große Konflikte im Privat- wie im Berufsleben, bis hin zum Verlust des Arbeitsplatzes, beinhalten ein großes Stresspotenzial. Resiliente Menschen können erstaunlich gut damit umgehen, während andere daran zerbrechen. Nach relativ kurzer Zeit stehen sie wieder auf und wachsen nicht selten über sich hinaus. Wie machen sie das – und was können wir von ihnen lernen? Denn klar ist, dass Resilienz in einer immer anspruchsvolleren, einer sich immer schneller drehenden Welt eine Fähigkeit ist, die zu erwerben und pflegen sich wirklich lohnt.

Stressfaktor Job

Die Zahl der psychischen Erkrankungen steigt rapide an. Niemals zuvor haben Arbeitnehmer so lange wegen psychischer Erkrankungen im Job gefehlt wie heute. Die Zahl der Fehltage aufgrund seelischer Leiden hat sich in den letzten 20 Jahren mehr als verdreifacht. Mittlerweile sind sie nach Rückenleiden und Muskel-Skelett-Erkrankungen die zweithäufigste Ursache für Krankschreibungen. Die Mehrheit der Deutschen fühlt sich gestresst, empfindet ihr Leben als immer anstrengender – und zwar wegen des Jobs. Fast die Hälfte der Berufstätigen fühlt sich durch ihren Arbeitsplatz „abgearbeitet und verbraucht", so die Techniker Stressstudie 2016. Ursachen sind ein zu hohes Arbeitspensum, Termindruck, Unterbrechungen, die E-Mail-Flut, aber auch hohe Ansprüche an sich selbst, Freizeitstress und die Erwartung ständiger Erreichbarkeit. All das macht deutlich: Resilienz – also psychische Widerstandsfähigkeit – ist heute wichtiger denn je.

Wie steht es um Ihre Resilienz?

Wie steht es um Ihre Resilienz, Ihre innere Stärke, Ihre Fähigkeit, mit Schwierigkeiten umzugehen? Gelingt es Ihnen meistens, schwierige Situationen gut auszubalancieren?

Falls Ihre Antwort „Nein" lautet – an welchen Stellen können Sie dazulernen? Fragen Sie sich, ob Beruf, Familie, Freunde und Freizeitaktivitäten im Gleichgewicht stehen. Sie können sich dazu gerne ein paar Notizen machen:

_____

_____

_____

_____

_____

So stärken Sie Ihre psychische Widerstandskraft

Dem Aufbau von psychischen Schutzfaktoren zur Erhaltung und Verbesserung von gesundheitsförderndem Denken, Fühlen und Verhalten kommt eine besondere Bedeutung zu bei der Erhöhung der Stressstabilität. Psychische Gesundheit bedeutet, dass ein Mensch sich wohlfühlt in emotionaler und intellektueller Hinsicht. Nur dann kann er sein Potenzial voll ausleben und so mit den Belastungen in seinem Leben gut fertig werden. Ist die Psyche gesund, ist der Mensch leistungsfähig und kann seinen gesellschaftlichen Beitrag leisten. Absolute seelische Gesundheit gibt es ebenso wenig wie absolute körperliche Gesundheit – es geht hier vielmehr um das stetige Ausbalancieren von Belastungen. Mit

Psychische Gesundheit

Gefühlen wie beispielsweise Trauer oder Angst sowie mit innerer Anspannung angemessen umgehen zu können, stärkt den Menschen in seiner Gesamtheit.

Die gute Nachricht lautet: Resilienz ist eine erlernbare Fähigkeit oder besser ein ausbaubares Netzwerk an Fähigkeiten und Einstellungen. Die Psychologin Angelika Wagner-Link meint, dass resiliente Menschen Folgendes verstanden haben:

- sich zu vernetzen
- Krisen für überwindbar zu halten
- Veränderungen zu akzeptieren
- sich Zielen zuzuwenden
- sich zu entscheiden
- sich Möglichkeiten zu eröffnen, eigene Fähigkeiten zu entdecken
- ein positives Selbstbild zu entwickeln
- Dinge aus einem realistischen Blickwinkel zu betrachten
- eine hoffnungsvolle Haltung zu bewahren
- auf sich selbst achtzugeben

Gesundheitsfördernde Einstellungen sind nach Wagner-Link Optimismus und Selbstvertrauen, Lebenssinn, Kohärenzgefühl (eine Art flexibles Grundvertrauen in die Welt) und Humor. „Pessimisten sehen in jeder Chance nur Probleme. Optimisten sehen in jedem Problem eine Chance." (Wagner-Link, 2010, S. 214.)

Optimismus Vermehrt Chancen, sprich Entwicklungsmöglichkeiten zu sehen und den Fokus auf Gemeinsamkeit, Zukunft und positive Ergebnisse zu legen, all dies zeichnet optimistische Menschen aus. Optimistische Menschen sind gelassener, geben nicht so leicht auf, und – das haben zahlreiche Studien belegt – sie werden seltener krank und erholen sich schneller. Ihr Selbstvertrauen resultiert aus ihrer Kompetenz, wirksam handeln zu können, zum Beispiel auch beim Aufbau und dem Beibehalten gesunder Verhaltensweisen.

Werte und Ziele geben dem Menschen einen Lebenssinn – und das Empfinden von Lebenssinn schützt die Gesundheit. Was sind Ihre subjektiven Lern-, Arbeits- und Freizeitziele? Verpflichten Sie sich einer Sache und handeln Sie engagiert, bewirken Sie etwas – das schützt Ihre Gesundheit!

Lebenssinn

Genauso lohnt es sich, am Selbstwertgefühl zu arbeiten. Viele Frauen haben ein Problem damit, sich selbst als wertvoll und wichtig zu erleben. Stattdessen versuchen sie, durch Leistungen, Überlegenheitsgefühle oder gesellschaftlichen Aufstieg (wenn nicht über die eigene Leistung, dann über die berufliche Position des Ehemannes) Bestätigung zu erlangen.

Selbstwertgefühl

Fragen Sie sich ...

Bin ich wertvoll und wichtig? Wie stehe ich zu mir selbst? Sage ich Ja zu mir? Nehme ich meine Gefühle wahr und an? Steuere ich sie – oder werde ich meistens von ihnen gesteuert? Sie können sich hier Ihre Gedanken dazu notieren:

_____

_____

_____

_____

_____

Wann erleben wir die Welt als zusammenhängend und sinnvoll? Der Medizinsoziologe Aaron Antonovsky benennt drei Aspekte, die zusammengenommen eine gesundheitserzeugende (salutogenetische) Wirkung haben:

- **Verstehbarkeit:** Das bedeutet, dass tägliche Belastungen als sinnvoll und erklärbar erlebt werden.
- **Zuversicht:** Gemeint ist die Zuversicht, die täglichen Belastungen mit den eigenen Ressourcen und mithilfe anderer bewältigen zu können.
- **Kohärenzgefühl:** Dabei geht es darum, das Leben grundsätzlich als sinnvoll und bewältigbar zu erleben. Menschen mit einem guten Kohärenzgefühl greifen weniger oft zu Alkohol und Drogen, ihre Stimmungslage ist besser, ihr Immunsystem stärker.

Humor Der letzte wichtige Schutzfaktor für die Gesundheit, der hier genannt werden soll, ist der Humor. Kein Wunder, dass Lachyoga so populär geworden ist! Schließlich baut Lachen Stress ab, stärkt das Immunsystem, vertieft die Atmung und stabilisiert den Kreislauf. Mit Humor erträgt man belastende Situationen leichter und kann sich immer mal wieder einen Perspektivwechsel gönnen und so zu neuen Lösungswegen finden. Humor beflügelt die Kreativität – und entkrampft verfahrene Situationen.

Arbeiten Sie gern? Mit Lust und Begeisterungsfähigkeit? Können Sie sich selbst motivieren, erleben Sie sogar hin und wieder Flow, diesen einzigartigen Zustand tiefer, müheloser Hingabe an eine sinnhaltige Aufgabe, der einen so richtig in Hochstimmung versetzen kann?

Lebensqualität und -freude hängen sehr von der Fähigkeit zu genussvollem Erleben ab. Seien Sie also ruhig einmal weniger leistungsorientiert und pflichtbewusst – das ist gut für Ihre Gesundheit!

Hören Sie regelmäßig in sich hinein? Nehmen Sie Ihre emotionalen Botschaften wahr und ernst? Steuern Sie Ihre Gefühle – oder werden Sie von ihnen gesteuert? Nutzen Sie die Kraft Ihrer Emotionen und übersetzen Sie sie in konstruktive Strategien für den Umgang mit sich selbst und anderen.

Wer sich wohlfühlen möchte, der muss aktiv werden und Eigenverantwortung übernehmen. Eigenverantwortung meint, das eigene Denken, Fühlen und Handeln zu reflektieren und, wenn nötig, zu verändern. Hinsichtlich der Gesundheitsförderung ist Eigeninitiative unerlässlich. Finden Sie die Maßnahmen, die für Sie persönlich geeignet und stimmig sind, und integrieren Sie sie in Ihren Alltag, ganz egal, ob es sich um Trampolinspringen am Morgen, Spaziergang statt Kantine oder Freundinnenabend statt Überstunden handelt. Was können Sie für Ihre Gesundheit und Ihr Wohlbefinden am Arbeitsplatz und außerhalb tun?

Eigen-verantwortung

Die Vorsätze der Coaching-Teilnehmerinnen

Die Teilnehmerinnen reflektieren für sich allein oder zu zweit ihr Gesundheitsverhalten und ihre Resilienz und definieren Maßnahmen und Wege zur Verbesserung ihrer Eigenverantwortung, die sie bis zum nächsten Treffen ausprobieren wollen. In der Abschlussrunde nennt jede ihre Maßnahme, um mehr Verbindlichkeit zu erzeugen und sicherzustellen, dass sie am Thema dranbleibt.

Marion erklärt, dass sie die Frage „Wie wertvoll und wichtig bin ich?" sehr beschäftige. Denn dies sei ein Thema, mit dem sie sich eigentlich nie wirklich befasst habe. Die Frage gab für sie den Anstoß, darüber nachzudenken, ob der Wunsch nach einer schlankeren Figur nicht für den Mangel an Anerkennung und den Stillstand stehe, die sie zunehmend als belastend empfindet. „Wahrscheinlich haltet ihr mich für völlig durchgeknallt, aber ich glaube, ich muss mir da jetzt etwas beweisen. Ich werde eines der nächsten Wochenenden nutzen, um mich in einem Wellnesshotel

einmal richtig verwöhnen zu lassen. Das lasse ich mir auch etwas kosten – ein Wellness-Wochenende für Körper, Geist und Seele. Ich will sehen, ob ich das genießen kann. Es wird sich sicher am Anfang komisch anfühlen, Geld für mich zu ‚verschwenden‘ [Marion lächelt verlegen], aber vielleicht ist es ja gut investiert?"

Alle Teilnehmerinnen bestätigen Marion in ihrem Vorhaben. Gaby würde am liebsten mitfahren und schließt mit folgenden bedauernden Worten an: „Wert wäre ich es mir durchaus, mich ein Wochenende oder auch länger in einem Luxushotel verwöhnen zu lassen. Wäre da nicht das liebe Geld. Ein Thema, das ich nur allzu gern wegschiebe. Das ist meine Achillesferse. Es ist bestimmt nicht gesundheitsfördernd, finanziell immer am Abgrund zu stehen. Mich hat das Thema Eigenverantwortung sozusagen auf frischer Tat ertappt. Deshalb nehme ich mir fest vor, meine finanzielle Situation zu klären. Ich muss eine Lösung finden, um nicht immer schlaflose Nächte deswegen zu haben. Immer diese schlecht bezahlten Putz-Jobs, so geht das nicht weiter. Ich muss lernen, mehr Disziplin und Stringenz in mein Berufsleben zu bringen, ein Ziel zu definieren und dann strukturiert darauf zuzugehen. Ich merke, wie mir die Knochenjobs an die Substanz gehen. Da sorge ich nicht gut für mich. Das werde ich ändern!"

Geld – ein wichtiges Thema Geld ist tatsächlich für viele Frauen ein wichtiges Thema. Sich finanziell abzusichern stellt oft eine Herausforderung dar. Dabei liegt es wie bei Gaby meist nicht an mangelnder Qualifikation. Vielmehr verdienen Frauen immer noch weniger Geld als Männer mit den gleichen Jobs, obwohl Frauen meist mehr Zeit und Energie in ihre Arbeit investieren. Bei Gaby kommt allerdings hinzu, dass sie ihre Ziele nicht planvoll genug verfolgt. Das hat sie nun erkannt. Alle sind gespannt, wie sie die Herausforderung angehen wird.

Julia fährt fort: „Im Gegensatz zu dir, Gaby, bin ich vielleicht zu sehr fixiert auf Geld und Familie und darauf, dass alles gut aussieht von außen. Mir geht da immer öfter die Puste aus. Ich hatte ja letztes Mal schon angekündigt, dass ich wenigstens einmal pro Woche Mutter-Kind-Yoga machen und mich mit meinen Freundinnen treffen will. Ich merke, dass ich dann aber ständig versuche, alles in meinen Alltag zu integrieren. Das artet in Freizeitstress aus. Für mich wäre es das Gesündeste, einen Tag weniger zu arbeiten. Und an diesem Tag dann einfach meinen Wünschen freien Lauf zu lassen. Vielleicht malen oder stundenlang auf der Couch liegen und mal wieder einen Roman lesen, dabei eine Schachtel Pralinen verdrücken oder in der Badewanne Prosecco trinken. Klingt nach Klischee, aber ehrlich gesagt träume ich oft von solchen eher oberflächlichen Aktivitäten."

Sofort macht sich Protest breit: Das sei doch völlig in Ordnung! „Mach das für dich, dann wird es dir besser gehen und zu Hause wird es auch lockerer werden", sagen die anderen. Julia hört sich alles dankbar an und wirkt ganz gelöst. Eine schöne junge Frau, die ganz bei sich ist – es macht Freude, sie so authentisch zu erleben.

Sich etwas gönnen

Fehlen noch Evgenia und Ana. Beide Frauen haben zuvor sehr engagiert das Thema diskutiert und offensichtlich etwas gemeinsam beschlossen. Evgenia räuspert sich und kommt dann ohne Umschweife zum Wesentlichen: „Dass ich keine Partnerin habe, das möchte ich ändern. Mir ist klar, dass ich dazu empathischer und offener werden muss. Ich bin doch sehr auf mich fixiert und denke oft, ich mache alles allein am besten. Es ist nicht so, dass ich keine Gefühle hätte. Ich bin mir meiner eigenen Gefühle schon bewusst, gebe ihnen aber wenig Raum. Ich habe schon öfter überlegt, ob ich mich nicht im sozialen Bereich engagieren sollte. Nun habe ich gedacht, dass es doch eine Win-win-Situation wäre, wenn ich unbegleitete jugendliche Flüchtlinge auf ihrem Weg zur Integration unterstützen würde. Mir ringt das Respekt ab, wie die sich durchkämpfen. Ich könnte einem jungen Menschen da bestimmt

Türen öffnen. Das würde ich gern tun. Ana hat mich übrigens darauf gebracht."

Applaus! Damit hätte niemand gerechnet – Evgenia engagiert sich im sozialen Bereich. Eine gute Idee! Alle Studien zum freiwilligen bürgerschaftlichen Engagement zeigen, dass das ein Gewinn für alle Beteiligten ist.

Bleibt noch Ana. Sie fasst sich kurz und erzählt, dass es für sie sicher gut wäre, wenn sie sich stärker von der Familie lösen könnte. Die Scheidung würde sie nach wie vor stark belasten. Wie kann sie die Lücke füllen? Sie habe jetzt erst mal die Arbeit in den Fokus gestellt. Und dabei spüre sie schon, wie gut ihr das täte. „Nach all den Jahren Familienarbeit mache ich jetzt eine Arbeit nur für mich. Eine Arbeit, die mir gefällt und die meine Existenz sichert. Das ist ein hoch gestecktes Ziel, und zugleich merke ich, dass mich das richtig motiviert. Die Flow-Erlebnisse können kommen!"

Der zweite Workshop-Termin war sehr intensiv. Am Ende haben wir den Eindruck, dass alle an ihren Themen weiterarbeiten wollen. Einige haben sich schon privat verabredet und wollen die Übungen und weitere Fragen noch einmal im kleinen Kreis besprechen, was uns sehr freut. Wir beenden wie beim letzten Mal auch dieses Treffen mit einer kleinen Feedbackrunde. Danach trennt sich die Gruppe. Unser nächstes Treffen findet wieder in vier Wochen statt. Das nächste Mal werden wir uns dann mehr mit der Jobsäule sowie weiteren Fragen zur Gesundheitsförderung auseinandersetzen.

Den passenden Job finden – und den Motor am Laufen halten

TAG
3

Der Beruf ist für jeden von uns wichtig. Schließlich verdienen die meisten von uns damit ihren Lebensunterhalt und verbringen mit seiner Ausübung viele Stunden am Tag. Wir wünschen uns also zu Recht einen Job, der wirklich zu uns passt. Beruflicher Erfolg hängt aber auch ganz wesentlich von anderen Faktoren ab – so sind gesundes Essen und Trinken der Treibstoff für unsere Power. Ebenso wichtig ist das richtige Maß an Bewegung zum Ausgleich, zur Kräftigung und für die Balance. Auch darum wird es in diesem Kapitel gehen.

Wie sieht Ihr Traumjob aus?

Wenn Sie sich fragen, welcher Job zu Ihnen passt, eignen sich verschiedene Modelle und Werkzeuge, um dies herauszufinden:

Es gibt auf dem Markt beispielsweise sogenannte Persönlichkeitstests, die oft online durchgeführt werden können. Anhand eines (Online-)Fragebogens beantworten Sie viele Fragen und erhalten danach Ihr Persönlichkeitsprofil. Diese Tests sind absolut seriös und werden in Unternehmen seit vielen Jahren eingesetzt. Sehen Sie sich hierzu zum Beispiel den Myers-Briggs-Typenindikator (MBTI), den DISG- oder den Insights-Test an.

Persönlichkeitstests

Eine weitere Möglichkeit, die Ihnen Orientierung gibt bei der Suche nach dem passenden Job, ist die Anfertigung eines Kompetenzprofils. Dabei geht es darum, dass Sie genau überlegen, was Sie können (und was nicht), und anhand dieser Analyse entscheiden, welches Jobprofil am besten zu Ihnen passt.

Kompetenzprofil

Als Grundgerüst für Ihr Kompetenzprofil können Sie die folgende Abbildung nutzen. Zeichnen Sie diese auf einem separaten Blatt Papier nach und lassen Sie die Felder dabei zunächst leer:

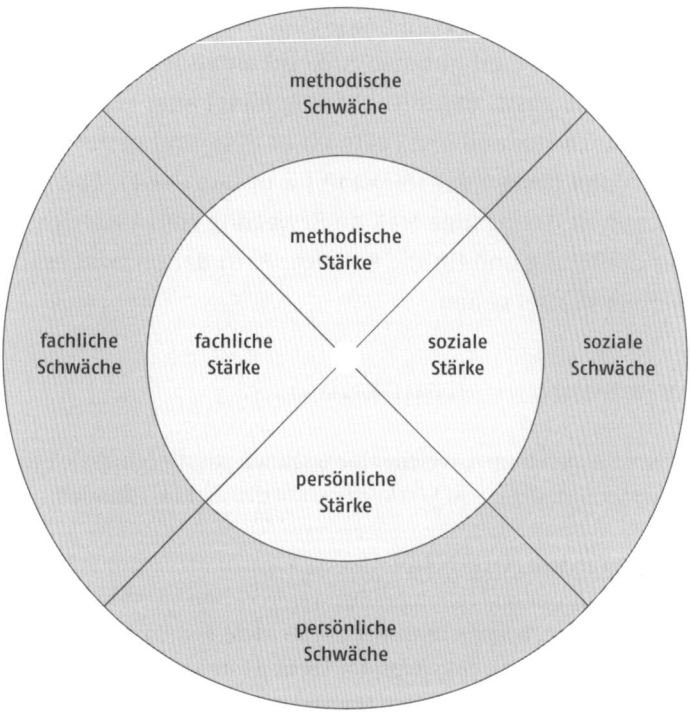

Unterscheiden Sie dabei die Bereiche Hard Skills (fachliche und methodische Kenntnisse) und Soft Skills (persönliche und soziale Fähigkeiten). Jetzt tragen Sie bitte in die acht Felder Ihre jeweilige Stärke oder Schwäche ein. Gemeint ist damit also eine Kompetenz, über die Sie verfügen bzw. die Ihnen für einen speziellen Job fehlt. Beziehen Sie bei Ihren Überlegungen auch das Feedback mit ein, das Sie von anderen erhalten. Folgende Fragen sollen Sie inspirieren, damit Sie die Felder ausfüllen können:

Fachliche Kenntnisse:

- Welches besondere Fach- und Branchenwissen haben Sie?
- Welche Ausbildungen haben Sie absolviert?
- Welche Titel haben Sie erworben?
- Sprechen Sie eine (ungewöhnliche) Fremdsprache?
- Welches tätigkeitsspezifische Fachwissen haben Sie erworben?
- Welches firmenspezifische Wissen besitzen Sie (Produkt, Prozess)?
- Welche Marktkenntnisse besitzen Sie?

Methodische Kenntnisse:

- Welche Führungs- bzw. Arbeitsmethoden beherrschen Sie?
- Welche Führungsinstrumente beherrschen Sie (MBO, Projektmanagement etc.)?
- Welche Methoden- und Prozesskenntnisse besitzen Sie (Six Sigma etc.)?
- Welche kognitiven Fähigkeiten unterstützen Ihre Arbeit (analytisches Denken)?
- Beherrschen Sie besondere Präsentationsmethoden?

Persönliche Fähigkeiten:

- Wie gehen Sie mit sich selbst um?
- Wie viel Selbstvertrauen haben Sie?
- Vertrauen Sie anderen Menschen?
- Können Sie sich selbst kritisieren?
- Können Sie sich durchsetzen?
- Sind Sie eine gute Entscheiderin?
- Können Sie sich und Ihre Zeit selbst managen?

Soziale Fähigkeiten:

- Wie gehen Sie mit anderen um – warum möchten andere mit Ihnen zusammenarbeiten?
- Wie gehen Sie auf Menschen zu? Wer eröffnet das Gespräch?
- Wie kommunizieren Sie mit anderen?
- Sind Sie eine gute Zuhörerin? Sind Sie empathisch?
- Können Sie gut verhandeln bzw. verkaufen?
- Wie holen Sie als Führungskraft das Beste aus Ihren Mitarbeitern heraus?
- Können Sie Menschen inspirieren und für sich gewinnen?

Die eigene Rolle finden

Gerade wenn es um die Entscheidung geht, ob Sie als Expertin, als Führungskraft oder selbstständig arbeiten möchten, ist es sinnvoll, sich die Frage zu stellen, in welcher Rolle Sie sich am wohlsten fühlen.

 Was unterscheidet die Expertin von der Führungskraft? Ganz einfach gesagt: Die Expertin arbeitet in die Tiefe, die Führungskraft arbeitet in die Breite. Grundsätzlich sollten Sie sich fragen, ob Sie gerne fachlich arbeiten möchten oder aber Spaß daran haben, Menschen zu führen.

Expertin: Es ist schwer, alle Expertinnen-Jobs über einen Kamm zu scheren, da es die eine Expertenrolle gar nicht gibt. Je nach Unternehmen und Aufgabengebiet haben Sie die Möglichkeit, sich tatsächlich tiefgehend und intensiv nur mit einem einzigen Thema zu befassen. Genauso ist es aber auch möglich, dass Sie auch als Expertin gar nicht so viel Zeit haben, sich auf Ihr Fachgebiet zu konzentrieren, sondern sich um Administratives kümmern müssen. Über die grundsätzliche Ausrichtung Ihrer Tätigkeit sollten Sie sich aber auf jeden Fall im Klaren sein.

Führungskraft: In der Rolle einer Führungskraft werden Sie sich immer weiter von der eigentlichen inhaltlichen Arbeit entfernen. Stattdessen übernehmen Sie Aufgaben wie Personalführung, Administratives, Meetings und Firmenpolitik. In welchem Ausmaße Sie daneben noch Zeit haben, mit „abzuarbeiten", ist von Fall zu Fall unterschiedlich. Es gibt unzählige unterschiedliche Arten von Führungsjobs. Eines sollte Ihnen aber klar sein: Als Führungskraft müssen Sie entscheiden, Verantwortung übernehmen und Ziele vorgeben. Auch der ein oder andere Konflikt wird ausgefochten werden müssen. Wem das nicht liegt, der ist in dieser Rolle falsch.

Selbstständige: Als Unternehmerin eine eigene Firma zu gründen setzt eine realistische Geschäftsidee voraus. Außerdem ist es notwendig, genug Geld im Hintergrund zu haben, um die ersten Monate, vielleicht Jahre, zu überbrücken. Weiterhin ist in der ersten Zeit Ihr voller persönlicher Einsatz gefragt – nicht umsonst behaupten Selbstständige gerne, sie arbeiten „selbst" und „ständig". Ihnen sollte bewusst sein, dass Sie allein alle Anstöße für Ihr Unternehmen geben müssen. Denn ansonsten tut es keiner. Wenn Ihnen das liegt und Sie eine tragfähige Idee haben, ist der Weg in die Selbstständigkeit durchaus eine Option.

- -

Den Traumjob skizzieren

Manchmal hat man eine klare Idee davon, wie genau der persönliche Traumjob aussehen sollte. Die einzelnen Faktoren, wie zum Beispiel Tätigkeit, Stadt, Unternehmen, Gehalt, Team oder nicht, Reisetätigkeit oder nicht etc., können Sie sich auf einem separaten Blatt Papier notieren und dann mit Ihrer aktuellen beruflichen Realität abgleichen. Möglicherweise ergeben sich daraus dann weitere Ideen.

- -

Mit 20 oder 30 sind den meisten Menschen beruflich andere Dinge wichtig als mit 40 oder 50. Nach der Ausbildung oder dem Studium wollen wir uns ausprobieren und unser Wissen in die Praxis umsetzen. Wir wollen zeigen, was wir können, und zu einem Ergebnis beitragen. Daneben geht es um die finanzielle Unabhängigkeit. Für viele von uns ist der Berufseinstieg verbunden mit dem Auszug aus dem Elternhaus. Wir beziehen die erste eigene Wohnung und richten sie ein. Wenn wir diese erste Hürde des Berufseinstiegs genommen und uns etwas Sicherheit erarbeitet haben, möchten wir weiterkommen, uns einen Status im Job erarbeiten. Für viele geht es auch um die Gründung einer eigenen Familie – andere streben zunächst den Aufstieg auf der Karriereleiter an. Mit 40 oder 50 Jahren ist uns dann oftmals bewusst, dass wir die Hälfte unseres Lebens erreicht haben. Viele haben bis zu diesem Zeitpunkt im Beruf positive, aber auch negative Erfahrungen gemacht. Das ist der Punkt, an dem wir uns fragen: Was kommt noch? Was können wir Sinnvolles tun, um einen Beitrag in der Gesellschaft zu leisten? Wir überprüfen, ob wir in unserem Job glücklich sind und ob wir dort bleiben möchten – oder ob eine Veränderung ansteht. Geld ist in dieser Lebensphase weiterhin wichtig, aber meistens mehr Mittel zum Zweck, um sich ein angenehmes Leben leisten zu können.

Wenn Sie sich also die Frage stellen, welcher Job bzw. welche berufliche Rolle zu Ihnen passt, kann es sinnvoll sein, sich auch damit zu beschäftigen, in welcher Lebensphase Sie sich gerade befinden und was Ihnen in dieser Phase wichtig ist.

Der Berufseinstieg: Je nachdem, welche Ausbildung oder welches Studium man absolviert, steigt man im Alter zwischen 16 und Anfang 30 in den Job ein. Sicher haben die meisten zuvor schon ein Praktikum gemacht und erste Berührungen mit dem Arbeitsleben gehabt. Jetzt geht es jedoch darum, den Einstieg richtig zu gestalten und mit seinen Leistungen zu überzeugen. Wir stellen uns in dieser Phase die Frage, ob wir uns in der Praxis bewähren können und ob unser erster Arbeitgeber mit unserer Leistung zufrieden sein wird. Gerade der Einstieg ist für uns alle wichtig, und latent schwingt bei jedem die Angst mit, die Probezeit nicht zu überstehen oder sich für den falschen Arbeitgeber entschieden zu haben.

Anerkennung, Idealismus, Sicherheit

In dieser ersten beruflichen Phase sind drei Werte für uns besonders wichtig: Anerkennung, Idealismus und Sicherheit. Durch diese Werte zeigen wir nach außen, was wir in dieser Phase besonders brauchen:

- Wir möchten, dass unsere Leistung und unser über Jahre erworbenes Wissen aus Ausbildung und Studium gesehen werden (Anerkennung).
- Wir haben große Pläne und möchten in dem Unternehmen oder der Branche, für das bzw. die wir uns entschieden haben, Veränderungen bewirken (Idealismus).
- Es ist uns wichtig, endlich auf eigenen Füßen zu stehen, eine eigene Wohnung zu beziehen und genug Geld zu verdienen, um von den Eltern unabhängig zu sein (Sicherheit).

Die Aufbaujahre: Nach den ersten Jahren im Job stellt sich die erste Routine ein. Wir beherrschen unser Fachgebiet und kennen die Anforderungen, die an uns gestellt werden. Zwar geht es auch hier immer wieder darum, Neues kennenzulernen, der Fokus liegt in den Aufbaujahren aber nicht mehr so sehr auf dem Anhäufen von neuem Wissen, sondern vielmehr auf der Positionierung in der Firma, für die man tätig ist. Wenn es in dieser Firma für uns karrieremäßig nicht weitergeht, steht oft auch der Wechsel in ein anderes Unternehmen an. Die Aufbaujahre finden meistens zwischen Mitte 30 und Anfang 40 statt – je nachdem, wann man in den Job eingestiegen ist.

Die Werte, die in dieser beruflichen Phase eine Rolle spielen und meistens sehr stark ausgeprägt sind, lauten Familie – und damit verbunden Work-Life-Balance und Lebensqualität –, Macht und Status bzw. Prestige. In den Aufbaujahren lassen sich grob zwei Persönlichkeitstypen unterscheiden: zum einen diejenigen, die

Familie, Macht, Status/Prestige

nach dem Berufseinstieg in die Familienplanung übergehen und für die die Werte Familie und Lebensqualität im Mittelpunkt stehen, zum anderen die Menschen, denen es darum geht, möglichst schnell weit nach oben zu kommen oder sogar eine eigene Firma zu gründen. Sie fokussieren dabei vor allem die Werte Macht, Status und Prestige. Dabei darf natürlich nicht unberücksichtigt bleiben, dass es in den Aufbaujahren auch wichtig ist, sich auszuprobieren und Neues hinzuzulernen. Daher wird hier auch das Lebensmotiv Neugier eine große Rolle spielen.

Die Erntejahre: Es gibt Menschen, die ihr Leben lang auf der Suche nach dem richtigen Job sind und für die berufliche Veränderungen fast an der Tagesordnung sind. Für andere stellt sich an irgendeinem Punkt das Gefühl ein, die richtige Position gefunden zu haben. In diesem Fall heißt es dann, das, was man hat, auch zu halten.

Früher sagte man, dass Karriere bis Mitte 40 gemacht werde und die Zeit für große berufliche Veränderungen danach vorbei sei. Heute trifft das sicher nicht mehr auf jeden zu. Es gibt Menschen, denen mit Ende 40 oder auch Anfang 50 gekündigt wird und die dann nach neuen beruflichen Perspektiven Ausschau halten. Da viele auch länger arbeiten (müssen) und nicht mit Mitte 60 in Rente gehen, gibt es Existenzgründer, die 50 oder älter sind. Trotzdem gilt immer noch, dass der Großteil der Angestellten und Unternehmer im Alter von 50 Jahren häufig „erntet" und nicht mehr (nur) „aufbaut" oder „sät". In dieser Phase befinden wir uns sozusagen in unserem beruflichen Herbst.

Ehre, Familie, Idealismus

Beim Ernten geht es darum, die Früchte der Arbeit einzusammeln. Wir haben uns bereits Achtung und Anerkennung verschafft, finanzielle Sicherheit erarbeitet und bestenfalls genau die Karriere gemacht, die wir uns vorgestellt haben. Vielleicht haben wir auch eine Familie gegründet oder andere private Ziele erreicht. Beruflich gesehen kehrt nun etwas mehr Ruhe in unser Leben ein. Es ist nun nicht mehr wichtig, große Sprünge zu machen, sondern Geleistetes zu ehren und den Status zu halten, vielleicht auch, sich gegen die (jüngere) Konkurrenz mit Geschick und Erfahrung durchzusetzen. Folgende Werte sind in dieser Phase oftmals von Bedeutung: Ehre, Familie, verbunden mit Lebensqualität, und Idealismus.

Durchführung der Übung in der Coaching-Gruppe

Kommen wir zurück zu unserer Coaching-Gruppe: dritte Runde, diesmal zu dem Thema „Welcher Job passt zu mir?". Es sind wiederum vier Wochen vergangen und erfreulicherweise erscheinen auch dieses Mal wieder alle Teilnehmerinnen zum Coaching-Termin. Das ist in einem längeren Prozess keine Selbstverständlichkeit, auch wenn sich alle Teilnehmerinnen vorab dazu verpflichtet haben. Oftmals ist es so, dass sich die individuellen Themen und auch Ziele im Laufe der Wochen verändern und die eine oder andere keinen Bedarf mehr hat, diese Themen zu reflektieren. Es kommt aber auch vor, dass Menschen den Coaching-Prozess verlassen, wenn es für sie unbequem wird und es ans „Eingemachte" geht.

Solange Themen auf allgemeiner Ebene besprochen werden und man sich innerhalb der eigenen Komfortzone bewegt, fühlt sich alles gut und machbar an. An irgendeinem Punkt im Prozess wird einem aber klar, dass es nun um das eigene Leben, den eigenen Weg geht, den es zu verändern gilt. Und auf einmal wird es schwerer. Man muss sich selbst bewegen und sieht sich mit seinen persönlichen Ängsten oder Hindernissen konfrontiert. Jetzt gilt es, Farbe zu bekennen und diese Hürden aktiv zu benennen und anzugehen. Das gelingt nicht immer allen und manchmal braucht man dazu mehrere Anläufe.

Die Komfortzone verlassen

Also, wo stehen wir? Wir starten wieder mit einer kurzen Begrüßungsrunde und stellen das heutige Thema vor. Nun ist es bei dieser Gruppe aber so, dass das Thema „Welcher Job passt zu mir" nicht für alle interessant ist. Einige sind sich schon sicher, den richtigen Job gefunden zu haben, andere stehen noch ganz

Teilnehmerinnen sind unterschiedlich weit

am Anfang mit ihren Überlegungen. Daher bitten wir alle Teilnehmerinnen, auf diejenigen etwas Rücksicht zu nehmen, die mit ihren Überlegungen noch nicht so weit sind, und dieses Treffen auch als zusätzliche Reflexionsplattform für sich zu nutzen.

Als Modell, um dieses Thema zu bearbeiten, nutzen wir die bereits beschriebene Übung zum Kompetenzprofil. Wir teilen Blätter aus, auf denen das Kompetenzprofil einzutragen ist. Als Inspiration geben wir die entsprechenden Fragen mit. Jede Teilnehmerin soll sich nun ihr eigenes Kompetenzprofil erarbeiten und insbesondere Feedbacks von Chefs und Kollegen miteinbeziehen, die sie im Laufe der Jahre gesammelt hat. Danach sollen auch diese Ergebnisse wieder in kleinen Zweier- bzw. Dreiergruppen besprochen werden.

Wir erhalten das Feedback, dass diese Übung für alle Teilnehmerinnen neu ist, was uns sehr freut. So hat jede für sich individuell noch einmal eine Lernerfahrung. Nach ca. einer Stunde kommen wir wieder in der Gruppe zusammen und sammeln die jeweiligen Ergebnisse ein.

Julias Kompetenzprofil

Heute möchte Julia sich wieder als Erste einbringen und ihr Kompetenzprofil vorstellen. Wir hatten das Gefühl, dass Julia besonders eifrig an die Übung herangegangen ist, und fast alle Felder sind mit vielen Attributen gefüllt – das passt zu ihrem Perfektionismus.

Führungsrolle passt zu ihr Julia kommt für sich zu dem Ergebnis, dass die Führungsrolle genau das ist, was zu ihr passt. Sie übernimmt sehr gerne Verantwortung und hat Spaß daran, Menschen zu leiten. Ihr Perfektionismus hindere sie allerdings manchmal daran, Aufgaben konsequent zu delegieren. Sie ertappe sich selbst dabei, dass sie Anfragen gerne selbst abarbeite, weil sie denke, dass sie es am besten mache. Hieran möchte sie zukünftig arbeiten.

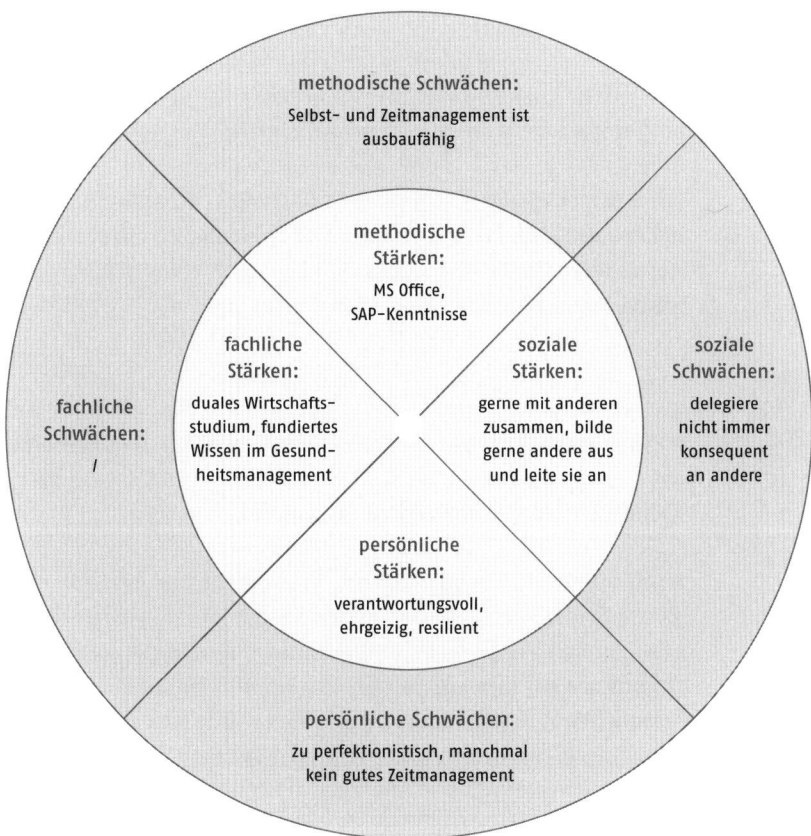

methodische Schwächen:
Selbst- und Zeitmanagement ist
ausbaufähig

methodische
Stärken:
MS Office,
SAP-Kenntnisse

fachliche
Stärken:
duales Wirtschafts-
studium, fundiertes
Wissen im Gesund-
heitsmanagement

soziale
Stärken:
gerne mit anderen
zusammen, bilde
gerne andere aus
und leite sie an

soziale
Schwächen:
delegiere
nicht immer
konsequent
an andere

fachliche
Schwächen:
/

persönliche
Stärken:
verantwortungsvoll,
ehrgeizig, resilient

persönliche Schwächen:
zu perfektionistisch, manchmal
kein gutes Zeitmanagement

Ihre fachlichen und methodischen Stärken würden sehr gut zu ihrer aktuellen Tätigkeit passen. Allerdings käme für sie auch der Wechsel in ein anderes Unternehmen infrage, zum Beispiel um dort ihren jetzigen Bereich Gesundheitsmanagement aufzubauen oder zu übernehmen, sollte sich in ihrem aktuellen Job auf Dauer nichts ändern. Damit meine sie insbesondere die fehlende Wertschätzung und Anerkennung von ihrem Chef für ihre Arbeit.

Ihr Chef sei zwar ein „guter Typ", aber auch ein absoluter Workaholic und eher im Kopf als im Gefühl unterwegs. Aufgrund der guten Sozialleistungen, die auch eine familienfreundliche Versicherung miteinschließen, schätze sie aktuell die Arbeitsbedingungen. In den nächsten fünf Jahren könne sie sich aber durchaus auch noch einmal einen anderen Arbeitgeber vorstellen.

Wertschätzung einfordern Die Wertschätzung, die sie sich im Job wünscht, müsse sie möglicherweise auch mehr einfordern oder sich andere Ansprechpartner als ihren Chef suchen, dem das Zeigen von Wertschätzung aufgrund seiner Persönlichkeit einfach nicht liege.

Evgenias Kompetenzprofil

Evgenia stellt ihr Profil vor und kommt selbst zu dem Ergebnis, dass die sogenannten Hard Skills (fachliche und methodische Kenntnisse) für sie nicht das Problem sind.

Nach längerem Nachdenken sei ihr eingefallen, dass ihr einige Chefs und auch Kollegen in den letzten Jahren wiederholt gesagt hätten, dass sie mehr an ihrer Empathie arbeiten solle. Möglicherweise sei dies ein Faktor, der sie momentan am weiteren beruflichen Aufstieg hindere. Sie selbst würde sich zwar als sehr empathisch empfinden, das Fremdbild sei aber anscheinend ein anderes, das müsse sie schmerzlich akzeptieren.

„Elefant im Porzellanladen" Außerdem fehle ihr im Bereich der sozialen Kompetenz das „Politisieren" noch etwas. Sie selbst sei eine Frau der klaren Ansage und schätze es auch bei anderen sehr, wenn Dinge klar auf den Tisch kommen. Doch auch hier sei hin und wieder schon an sie herangetragen worden, dass sie etwas diplomatischer werden könne und das Gesamtkonzept der Firma beachten solle. Ihr selbst sei dazu gerade das Bild vom „Elefanten im Porzellanladen" eingefallen. Da könne durchaus etwas dran sein. Insofern habe sich diese Übung für sie schon jetzt sehr gelohnt. Die Frage sei nur, wie genau sie an diesen Punkten arbeiten könne.

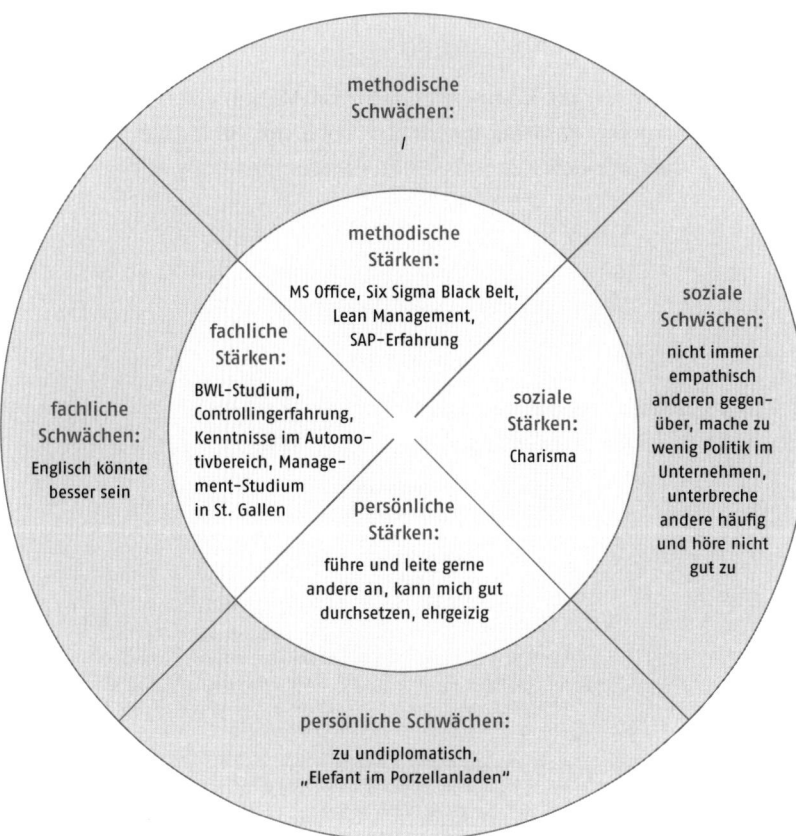

methodische Schwächen:

/

methodische Stärken:

MS Office, Six Sigma Black Belt, Lean Management, SAP-Erfahrung

fachliche Stärken:

BWL-Studium, Controllingerfahrung, Kenntnisse im Automotivbereich, Management-Studium in St. Gallen

soziale Schwächen:

nicht immer empathisch anderen gegenüber, mache zu wenig Politik im Unternehmen, unterbreche andere häufig und höre nicht gut zu

fachliche Schwächen:

Englisch könnte besser sein

soziale Stärken:

Charisma

persönliche Stärken:

führe und leite gerne andere an, kann mich gut durchsetzen, ehrgeizig

persönliche Schwächen:

zu undiplomatisch, „Elefant im Porzellanladen"

Im Hinblick auf die zur Auswahl stehenden Rollenbeschreibungen identifiziert Evgenia sich ganz klar mit der Rolle der Führungskraft. Genau wie Julia möchte sie Dinge beeinflussen. Sie sieht sich selbst als Unternehmertyp, jedoch angestellt in einer Firma.

Gabys Kompetenzprofil

Gaby hat ihr Kompetenzprofil mit Marion reflektiert und man bemerkt, dass Marion immer noch tief beeindruckt davon ist, über wie viele Kenntnisse und Erfahrungen Gaby verfügt.

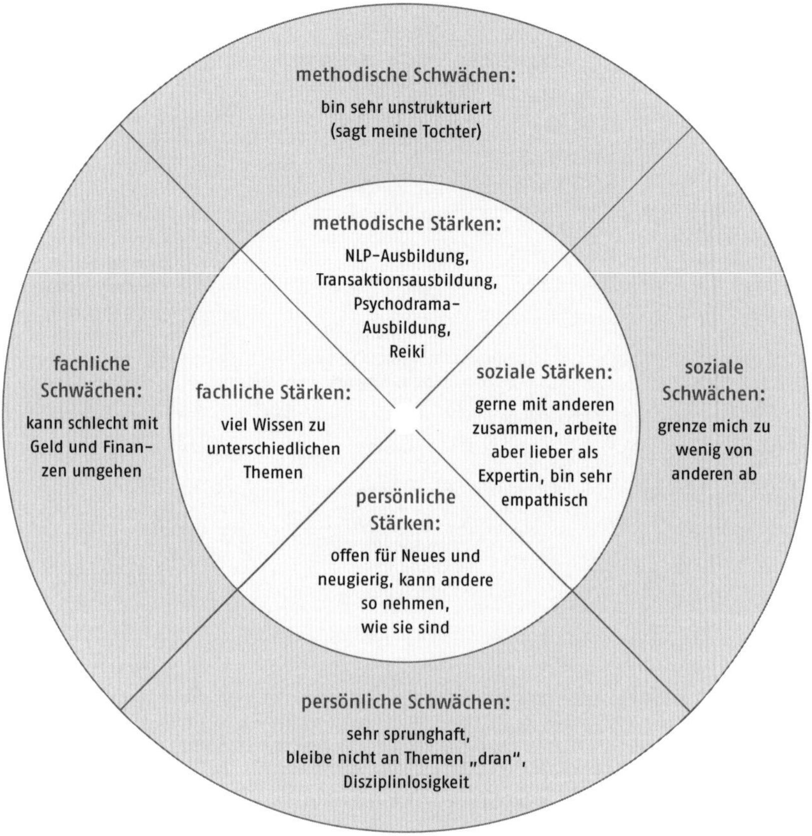

methodische Schwächen:

bin sehr unstrukturiert
(sagt meine Tochter)

methodische Stärken:

NLP-Ausbildung,
Transaktionsausbildung,
Psychodrama-
Ausbildung,
Reiki

fachliche
Schwächen:

kann schlecht mit
Geld und Finan-
zen umgehen

fachliche Stärken:

viel Wissen zu
unterschiedlichen
Themen

soziale Stärken:

gerne mit anderen
zusammen, arbeite
aber lieber als
Expertin, bin sehr
empathisch

soziale
Schwächen:

grenze mich zu
wenig von
anderen ab

persönliche
Stärken:

offen für Neues und
neugierig, kann andere
so nehmen,
wie sie sind

persönliche Schwächen:

sehr sprunghaft,
bleibe nicht an Themen „dran",
Disziplinlosigkeit

Vielseitig begabt

Marion kann überhaupt nicht verstehen, dass eine so fähige und begabte Frau keinen adäquat bezahlten Job findet. Gaby schmeichelt dieses Feedback sichtlich und es tut ihr sehr gut. Sie selbst geht mit sich selbst allerdings etwas härter ins Gericht.

Gaby sagt: „In der Tat verfüge ich über sehr viele Kenntnisse. Ich habe im Laufe meines Lebens schon einiges ausprobiert und daher hat sich einiges angesammelt. Ich kann eine ganze Menge, auch wenn diese Kompetenzen nicht sehr tiefgehend sind. Dennoch ist das sicher mehr, als viele andere aufzuweisen haben. Meine größte persönliche Schwäche, die ich in der Übung reflektiert habe, ist meine Sprunghaftigkeit. Jobs werden für mich schnell langweilig. In der Vergangenheit habe ich dann immer mal wieder gewechselt. Irgendwie fehlt mir das Gen zum Durchhalten. Vielleicht muss ich meine Ansprüche etwas herunterschrauben. Ich bin halt der klassische Abbrechertyp. Das gestehe ich mir selbst zwar nicht gerne ein, aber so ist es nun mal. Und da gibt es auch gar nichts zu beschönigen.

Klassischer Abbrechertyp

Ich weiß selbst nicht, woran das liegt. Vielleicht ist es mangelnde Disziplin. Mir wird aber langsam klar, dass ich bald ein Alter erreicht habe, in dem die gut bezahlten Jobs nicht auf der Straße liegen. Daher muss ich jetzt dringend die Kurve kriegen.“

Auf die Frage, ob sie sich eher als Expertin oder als Führungskraft sieht, ist ihre Antwort eindeutig: Sie schätzt sich als Expertin ein. Sie arbeitet sehr gerne am Thema bzw. Inhalt und sieht sich nicht in einer Leitungsfunktion – zumindest nicht jetzt.

Marions Kompetenzprofil

Das Profil von Marion ist noch nicht sehr detailliert ausgefüllt. Das fällt ihr beim Abgleich mit den Profilen der anderen sofort auf. Sie deutet das als „typisch für mich“ und meint damit, dass es ihr schwerfalle, in die Tiefe zu gehen.

Ihre fachlichen und methodischen Kenntnisse habe sie sehr schnell ausfüllen können. Daraus ergeben sich für sie auch keine großen Überraschungen. Bei dem Feld persönliche Fähigkeiten sei ihr aber unter anderem aufgefallen, dass sie wenig eigenmotiviert und auch kein besonders kreativer Mensch sei.

Wenig Eigenmotivation und Kreativität

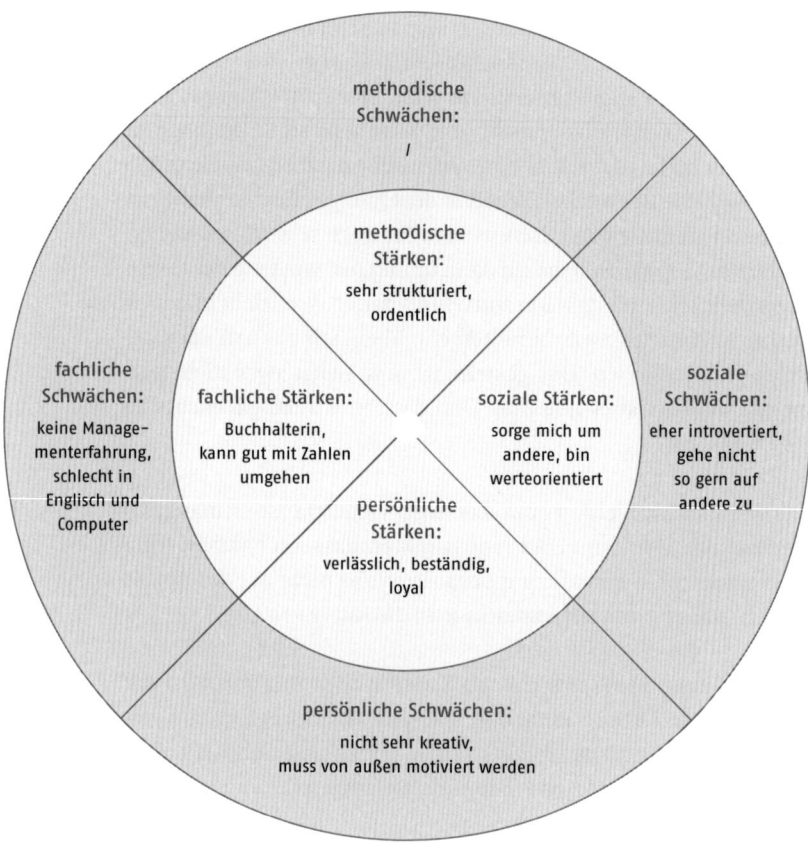

methodische
Schwächen:

/

methodische
Stärken:

sehr strukturiert,
ordentlich

fachliche
Schwächen:

keine Manage-
menterfahrung,
schlecht in
Englisch und
Computer

fachliche Stärken:

Buchhalterin,
kann gut mit Zahlen
umgehen

soziale Stärken:

sorge mich um
andere, bin
werteorientiert

soziale
Schwächen:

eher introvertiert,
gehe nicht
so gern auf
andere zu

persönliche
Stärken:

verlässlich, beständig,
loyal

persönliche Schwächen:

nicht sehr kreativ,
muss von außen motiviert werden

Möglicherweise müsse sie hier etwas ändern, wenn sie sich beruflich noch einmal bewegen wolle. Sie habe sich schon für das kommende Wochenende mit Ana verabredet, die ihr angeboten habe,
mit ihr einfach mal zu brainstormen, was sie beruflich machen
könne. Dieses Angebot freut Marion sehr. Sie sei schon ganz gespannt darauf, zu welchem Ergebnis sie kommen würden. Mehr
könne sie heute gar nicht zu diesem Thema sagen.

Anas Kompetenzprofil

Da Ana in den letzten 15 Jahren nicht gearbeitet hat und ihre kaufmännische Ausbildung, die sie in Kiew absolviert hat, in Deutschland leider nicht anerkannt wird, steht auf ihrem Blatt im Bereich der fachlichen und methodischen Kenntnisse nicht besonders viel. Insofern möchte sie sich auf ihre persönlichen und sozialen Fähigkeiten konzentrieren.

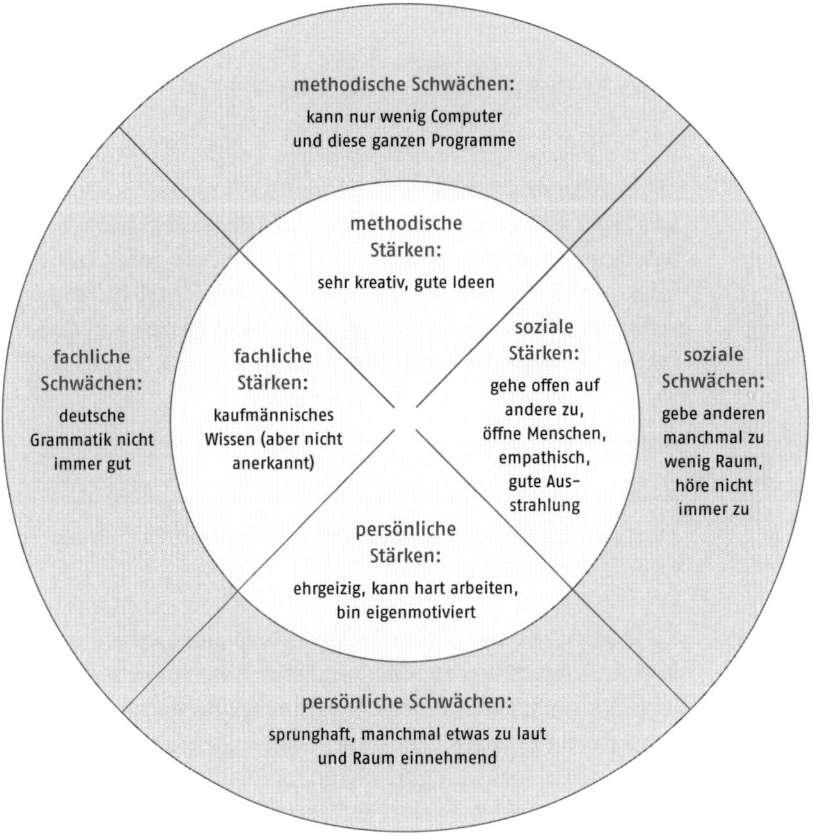

methodische Schwächen:
kann nur wenig Computer
und diese ganzen Programme

methodische
Stärken:
sehr kreativ, gute Ideen

soziale
Stärken:
gehe offen auf
andere zu,
öffne Menschen,
empathisch,
gute Aus-
strahlung

fachliche
Schwächen:
deutsche
Grammatik nicht
immer gut

fachliche
Stärken:
kaufmännisches
Wissen (aber nicht
anerkannt)

soziale
Schwächen:
gebe anderen
manchmal zu
wenig Raum,
höre nicht
immer zu

persönliche
Stärken:
ehrgeizig, kann hart arbeiten,
bin eigenmotiviert

persönliche Schwächen:
sprunghaft, manchmal etwas zu laut
und Raum einnehmend

Marion habe ihr in der Kleingruppenarbeit das Feedback gegeben, dass sie sehr kreativ sei, sehr gut auf Menschen zugehen könne und insgesamt eine sehr offene Art habe. Sicher könne sie andere schnell für sich begeistern. Für Ana war das ein tolles Feedback, denn sie trägt sich mit dem Gedanken, eine Karriere als Maklerin anzustreben. Es scheint, als verfüge sie genau über die richtigen Eigenschaften für diesen Job. Auch die anderen Teilnehmerinnen bestätigen Ana, dass sie eine gute Ausstrahlung hat, und bestärken sie in ihrem Plan, den Einstieg ins Maklergeschäft anzugehen.

Wie sorgen Sie für ausreichend Energie?

Nach der Pause geht es in den zweiten Teil der Coaching-Runde: „Bewegung und Ernährung" ist nun das Thema. Es verspricht, spannend zu werden, denn zu diesem Themenfeld hat jede Teilnehmerin etwas zu sagen. Schließlich hat jede ganz eigene Erfolgs-, mitunter aber auch Leidensgeschichten erlebt, und jede verbindet mit diesen Themen persönliche Wünsche und Vorstellungen, teilweise aber auch Befürchtungen.

Bewegung

Bevor es losgeht, starten wir mit einer aktiven Pause, die uns etwas Entspannung und Gelassenheit verschaffen soll. Erst einmal den Kopf frei bekommen!

Karin Midwer bittet alle Teilnehmerinnen aufzustehen und sich in einen Kreis zu stellen. Eine Armbreite Platz um sich herum genügt. Nun sollen sich alle erst einmal ausgiebig strecken und dehnen – das tut gut nach dem langen Sitzen. Stehen alle gerade aufgerichtet? Ein lockerer, guter Stand fördert die Zentrierung in der Körpermitte, was eine Voraussetzung für Entspannung ist. Weiterer Vorteil: Durch eine solche Haltung kann der Atem frei fließen. Die Teilnehmerinnen öffnen auch das Fenster, damit der Körper gut mit Sauerstoff versorgt wird.

Der richtige Stand

So geht der richtige Stand, der sich unter anderem auch bei Präsentationen bewährt hat:

- Die Füße stehen parallel und schulterbreit, die Knie sind leicht gebeugt.
- Das Becken ist aufgerichtet, das heißt, die Sitzhöcker zeigen zum Boden, der untere Rücken ist stabil.
- Die Schultern hängen locker herunter mit der Tendenz, die Schulterblätter nach hinten unten zu ziehen.
- Die Arme hängen locker.
- Das Kinn ist ganz leicht angezogen Richtung Brust, die Gesichtsmuskeln sind entspannt, der Kiefer ist gelöst (dazu den Unterkiefer einfach ein paarmal nach rechts und links schieben).
- Der Kopf „hängt" locker wie eine Marionette an einem Faden.
- Jetzt die Atmung dazu nehmen: ein paarmal bewusst und leicht, ohne den Atem zu drängen, durch die Nase ein- und den Mund ausatmen.

Blitzentspannung – Abklopfen

Zum Abschluss Ihrer aktiven Pause können Sie noch eine Blitzentspannung durch Aktivierung durchführen:

- Im schulterbreiten Stand den linken Arm locker nach vorn strecken, Handinnenfläche zeigt Richtung Himmel.
- Jetzt mit der rechten Hand an der Innenseite der linken Schulter beginnend die Innenseite des Arms Richtung Hand abklopfen.
- Die linke Hand drehen und mit der rechten die Außenseite des linken Arms Richtung Schulter abklopfen.
- Klopfen Sie sich ruhig auch kräftig auf die Schulter – wenn's kein anderer tut, ist das eine gute Möglichkeit, sich selbst zu motivieren!
- Wechseln Sie die Seite.
- Dann die Hüfte nach vorn abbeugen, Knie leicht beugen und mit beiden Händen die Außenseiten der Beine Richtung Zehenspitzen

abklopfen und die Innenseite der Beine nach oben klopfen, dabei aufrichten.

- Über den Bauch Richtung Thymusdrüse (Brustbeinregion) weiterklopfen. Hier 20 Sekunden sachte klopfen.
- Am Schluss Arme, Hände und Beine ausschütteln.

Nach der aktiven Pause werfen wir einen Blick in die Runde: Alle lächeln, haben neue Energie und sind sichtbar entspannter. Kleine Übung, große Wirkung!

Risiko Bewegungsmangel Genau darum geht es beim Thema Bewegung: Wichtig ist nicht die sportliche Höchstleistung zweimal in der Woche, sondern häufige, mehrminütige Unterbrechungen im Alltag. Diesen verbringen die meisten Berufstätigen zu einem hohen Anteil regungslos vorm Computer (und anschließend vorm Bildschirm oder der Mattscheibe zu Hause auf dem Sofa). Was genau ist daran so schlecht? Nun, Bewegungsmangel führt dazu, dass sich Muskeln zurückbilden – wodurch die Wirbelsäule ihren natürlichen Halt verliert. Bandscheibenprobleme, Verspannungen und Schmerzen sind die Folge. Die Muskeln produzieren zudem weniger Lipoproteinlipase, ein Enzym, das beim Fettabbau beteiligt ist. Bewegungsmangel macht also auch noch dick!

Bewegungsmangel führt relativ schnell dazu, dass die Zellen, Muskeln, Knochen, der Stoffwechsel und der Kreislauf nicht ausreichend mit Sauerstoff versorgt werden. Wir pressen unseren Körper in eine Art Korsett – und das macht ihn krank. Das kennt jeder, der stundenlang regungslos sitzt bzw. sitzen muss. Auch das Gehirn wird langsamer. Pausen vom Sitzen sind daher kein Luxus, sondern lebensnotwendig!

Zwei- oder dreimal in der Woche Sport zu machen, ist zweifellos gut und richtig. Doch diese Einheiten können den Mangel an kontinuierlicher Bewegung im Alltag nicht komplett ausgleichen. Daher gibt es zu Unterbrechungen – aktiven Pausen – während des Arbeitstags im Büro keine Alternative!

Wie bedenklich die Situation tatsächlich aussieht, darüber gibt die aktuelle Bewegungsstudie der Techniker Krankenkasse Auskunft: Muskel-Skelett-Erkrankungen verursachen schon heute den größten Teil der Fehlzeiten. Zwei von drei Menschen hierzulande haben Erfahrung mit Rückenschmerzen, fast ein Drittel leidet ständig oder oft darunter. Mehr als ein Drittel der Menschen kommt nicht einmal auf eine halbe Stunde Bewegung im Alltag. Stattdessen sitzt Deutschland: am Arbeitsplatz, im Auto, vor den privaten Bildschirmen und Mattscheiben.

Rückenrepublik
Deutschland!

Die Weltgesundheitsorganisation empfiehlt mindestens 30 Minuten mäßige Bewegung an fünf Tagen oder mindestens 20 Minuten intensive Bewegung an drei Tagen die Woche. Das klingt doch machbar – oder?

Jeder von uns hat 168 Stunden pro Woche zur Verfügung. Beobachten Sie sich doch einmal selbst: Wie viele Stunden bzw. Minuten sind Sie pro Woche aktiv? Treiben Sie Sport? Wie viel Zeit verbringen Sie am Bildschirm? Haben Sie öfter Kopfschmerzen, sind Sie häufig stressbedingt müde oder erschöpft? Sind Sie mit Ihrer Gesundheit zufrieden? Haben Sie Ihr Wohlfühlgewicht?

Wie aktiv sind Sie?

Erfassen Sie mehrere Tage nacheinander Ihre Bewegungseinheiten und ziehen Sie Bilanz. Wenn Sie ein Bewegungsdefizit feststellen, nehmen Sie sich konkrete Maßnahmen vor: An welchen Tagen wollen Sie wie lange welche Bewegungsart durchführen?

_____

_____

_____

_____

Gründe für Bewegungsmangel Wenn man die Menschen befragt, warum sie sich so wenig bewegen, obwohl sie doch wissen, dass Bewegung Körper und Psyche fit hält, werden meist die folgenden Gründe genannt:

- Zeitmangel
- Krankheit/körperliche Einschränkungen
- „Kann mich nicht aufraffen"
- „Bewege mich ungern"
- zu lange Wege/zu große Entfernungen

Ideen der Coaching-Gruppe Um gesund zu bleiben, sind sowohl Sport als auch Bewegung im Alltag wichtig. Jede noch so kleine Aktivität zählt. Wie können wir mehr Bewegung in unseren Berufsalltag bringen? Die Gruppe macht zu dieser Frage ein Brainstorming und kommt auf folgende Ideen:

- zwischendurch dehnen
- Drucker in einem anderen Zimmer stehen haben
- beim Telefonieren aufstehen oder gehen
- in den Pausen möglichst vor die Tür gehen
- die Kollegin im Nachbarbüro besuchen, statt sie anzurufen

- Meetings im Stehen abhalten
- mit dem Fahrrad zur Arbeit fahren
- bei Bahnfahrern: eine Station früher aussteigen und den Rest des Weges zu Fuß gehen
- Treppen statt Aufzug nehmen
- App oder Fitnessuhr benutzen

Bewegung im Alltag

Nun sind Sie dran: Was fällt Ihnen dazu ein? Wie können Sie ganz einfach mehr Bewegung in Ihren Alltag bringen?

_____

_____

_____

_____

Powerfood für mehr Energie

Neben der Bewegung ist es insbesondere die richtige Ernährung, die uns helfen kann, fit zu bleiben oder zu werden, und die einen großen Anteil an unserem Wohlbefinden hat. Bedenkt man, wie viel in Zeitschriften und anderen Medien über das Thema berichtet wird, müsste eigentlich jede von uns Ernährungsexpertin sein. Doch das Gegenteil ist der Fall. Zudem ist Wissen nicht gleichzusetzen mit Umsetzen – ein Thema, um das es in unserem Coaching-Prozess immer wieder geht.

Wir haben im Workshop einen Fragebogen zum Thema Ernährung ausgeteilt, und keine unserer Teilnehmerinnen hat alle Fragen richtig beantworten können. Dafür hat das Quiz die Diskus-

Wissen über Ernährung

sion angeregt und wir waren sofort mitten im Geschehen. Testen Sie sich doch einmal selbst: Können Sie alle Fragen richtig beantworten?

- -

 Quiz: Was wissen Sie über gesunde Ernährung?

1 Der Tag war anstrengend, endlich Feierabend, und jetzt: ein schönes Glas Wein oder ein kühles Bier. Doch wie viel Alkohol gilt eigentlich als gesundheitlich unbedenklich für eine erwachsene Frau?
a) 0,1 l Wein oder 0,25 l Bier pro Woche
b) 0,2 l Wein oder 0,5 l Bier pro Tag
c) Vier bis fünf 0,1-Liter-Gläser Wein oder 0,25-Liter-Gläser Bier pro Woche

2. Frühstück, Mittag-, Abendessen, Mitternachtsimbiss: Welche ist die wichtigste Mahlzeit des Tages?
a) Frühstück
b) Mittagessen
c) Abendessen
d) Mitternachtsimbiss

3. Was ist am besten für den Organismus:
a) Drei Mahlzeiten am Tag
b) Viele kleinere Portionen über den Tag verteilt

4. Täglich mindestens 1,5 Liter zu trinken, ist wichtig. Doch welches Getränk ist am empfehlenswertesten für eine ausreichende Flüssigkeitszufuhr?
a) Milch b) Wasser c) Smoothie d) Saftschorle e) Tee oder Kaffee

5. Macht Fett fett?
a) Ja
b) Nein

6. Welche Nahrungsmittel mit hohem Fettanteil sind besonders empfehlenswert? (Mehrere Antworten sind richtig.)
a) Salami b) Wildlachs c) Nüsse d) Butter e) Olivenöl f) Rapsöl
g) Margarine h) Bananen

7. Welche Nahrungsmittel mit einem hohen Eiweißanteil sind besonders empfehlenswert? (Mehrere Antworten sind richtig.)
a) Spinat, b) Ei, c) Rindfleisch, d) Linsen, e) Nüsse, f) Rosinen,
g) dunkle Schokolade, h) Tofu, i) Kartoffeln, j) Currywurst

Deutschland ist zu unbeweglich, das haben wir schon gesehen, und Deutschland ist auch zu dick. Laut dem aktuellen Ernährungsbericht der Deutschen Gesellschaft für Ernährung sind 59 Prozent der Männer und 37 Prozent der Frauen übergewichtig. Noch kritischer sieht die Lage bei den Berufstätigen aus: Am Ende ihres Berufslebens sind 74,2 Prozent der Männer und 56,3 Prozent der Frauen zu dick. Dafür gibt es viele Gründe, ein wesentlicher ist, dass hoch kalorisches Essen billig und überall verfügbar ist. Insbesondere Zucker und billige Fette, wie sie in industriell hoch verarbeiteten Lebensmitteln vorkommen, fördern diese negative Entwicklung. Und im Büro ist es ja auch tatsächlich nicht einfach, den zweifelhaften Verlockungen zu widerstehen: Essen aus Stress, die Süßigkeitenbox der Kollegin, das Ausfallenlassen von Mahlzeiten wegen Arbeitsterminen und dadurch bedingter Heiß- und Süßhunger, schlechtes Kantinenessen usw. gefährden die Gesundheit vieler Angestellter.

Aber fangen wir doch einmal bei uns selbst an: Im Coaching-Raum stehen neben Obst und Gemüsesticks Schokolade, Gummibärchen, Kaffee und Cola. Und wenn wir uns so beobachten, greifen wir in schwierigen Situationen gern zu „Aufputsch- und Beruhigungsmitteln". Leider haben diese Speisen und Getränke,

Süchtig nach Genussmitteln

bei denen es sich eigentlich um Genussmittel handelt, bei Missbrauch eine fatale Wirkung: Sie bringen unseren Stoffwechsel aus dem Konzept, greifen in den Hormonhaushalt ein und erzeugen Suchtverhalten.

Wie also sieht eine Ernährung aus, die uns optimal unterstützt? Grundsätzlich ist Ernährung individuell, das heißt, was für den einen gut ist, kann dem anderen schaden. Genauso müssen immer mögliche Unverträglichkeiten berücksichtigt werden. Dennoch gibt es eine Reihe von Empfehlungen, die richtungsweisend für eine möglichst gesunde Ernährung sind. Denken Sie daran: Gutes, ausgewogenes Essen unterstützt alle seelischen, geistigen und körperlichen Prozesse – geben Sie Ihrem Körper, was er braucht! Wenn Sie die folgenden 14 Ernährungsregeln beachten, haben Sie ganz viel für sich gewonnen:

1. Achten Sie auf Qualität.
Wussten Sie, dass in der EU über 300 Zusatzstoffe in Lebensmitteln zugelassen sind? Sie sollen die Produkte bunter, schmackhafter, haltbarer, cremiger machen – aber sie stehen auch im Verdacht, Allergien und Krankheiten auszulösen. Kaufen Sie daher unverarbeitete Produkte und, wann immer es Ihnen möglich ist, Bioqualität.

2. Essen Sie Gemüse.
Und zwar möglichst abwechslungsreich. Gemüse enthält Ballaststoffe, Vitalstoffe, ist zellschützend und wirkt basisch – das perfekte Essen also. Geben Sie Gemüse gegenüber Obst den Vorzug: Obst ist zwar auch gesund, enthält aber viel Zucker.

3. Essen Sie hochwertiges Eiweiß.
Eiweiß ist unter anderem wichtig für den Zell- und Muskelaufbau, für die Blutbildung und für den Fettabbau. Empfehlung: zweimal die Woche Fisch, ein- bis zweimal die Woche Fleisch, gelegentlich Eier und häufiger Hülsenfrüchte wie Linsen, Kichererbsen oder Bohnen.

4. Fett hält das Gehirn fit.

Hochwertige Fette sind Olivenöl, Rapsöl und Sonnenblumenöl, Butter, die Fette aus Nüssen und Samen sowie Avocados. Eine
wahre Omega-3-Bombe (gut fürs Denken und die Konzentration) ist Leinöl.

5. Genießen Sie Milchprodukte nur in kleinen Mengen.

Es ist nicht unbedingt nötig, Kuhmilch zu verzehren – gute Kal-
ziumquellen sind auch grünes Blattgemüse wie Spinat oder
Mangold, Samen oder auch hochwertiges Mineralwasser. Viele Erwachsene haben eine Laktoseintoleranz, was übrigens nicht
ungewöhnlich, sondern ganz normal und von der Natur so vorge-
sehen ist (schließlich ist Milch für die Ernährung von Babys gedacht). Gute Alternativen sind Nuss-, Soja-, Reis- oder Hafermilch.

6. Kochen Sie.

Rohkost, Obst, Joghurt und Smoothies haben in kleinen Mengen
einen gesundheitlichen Wert. Um jedoch den Stoffwechsel anzu-
kurbeln, sind gekochte Mahlzeiten das Nonplusultra. Mit gekoch-
ter Nahrung helfen Sie Ihrem Körper, die Nährstoffe optimal zu
verarbeiten. Das bedeutet, Sie haben mehr Energie.

7. Verwenden Sie frische Kräuter.

Schon ein Stängel Petersilie ist aufgrund hoher Mengen an Mine-
ralstoffen, Vitaminen und Spurenelementen besser als jede Vita-
minpille. Ein weiterer Vorteil: Durch den Einsatz von Kräutern ver-
ringert sich automatisch der Salzkonsum.

8. Kaufen Sie regionale und saisonale Nahrungsmittel.

Die Natur hält zu jeder Zeit das Richtige für uns bereit. Saisona-
le Produkte aus der Region zu kaufen, ist gut für die Gesundheit
und die Umwelt.

9. Frühstücken Sie.

In der Regel sollte bis ca. 11 Uhr ein ausgewogenes Frühstück ein-
genommen werden. So versorgen Sie Ihren Körper und Geist mit

den Nährstoffen, die sie für einen aktiven Tag brauchen: Porridge mit etwas Obst und Nüssen oder beispielsweise ein Rührei mit Pilzen sind ideal. Ein gutes Frühstück bewahrt vor Leistungsabfall, Süßgelüsten und Heißhungerattacken.

10. Arbeitsessen sind Gift für die Verdauung.
Achten Sie darauf, bei Arbeitsessen mit anstrengenden Gesprächen möglichst leichte Gerichte in kleineren Mengen zu sich zu nehmen: Gedünstetes Gemüse mit Reis oder gegrillter Fisch mit Salat sind besser als Currywurst mit Pommes, Burger oder Pasta und Pizza.

11. Drei Mahlzeiten am Tag sind optimal.
Alle Mahlzeiten sollten hochwertige Kohlenhydrate, Eiweiße und Fette enthalten. Es geht darum, den Organismus zu entlasten und die aufgenommene Nahrung komplett zu verwerten. Für einen guten Schlaf sollte das Abendessen nicht zu spät ausfallen.

12. Vermeiden Sie Fast Food.
Auch die meisten Brote und Müslis sind Fast Food. Am besten nehmen Sie langkettige Kohlenhydrate aus Vollkorngetreide und idealerweise gekochtem Getreide (Hirse, Polenta, Quinoa) zu sich: Diese sättigen und halten den Blutzuckerspiegel konstant, was wiederum Heißhungerattacken verhindert.

13. Trinken Sie ausreichend Wasser.
Für den Organismus ist warmes Wasser sehr angenehm: Es unterstützt den Stoffwechsel und hält den Geist wach und fit. Für den Geschmack können Sie Zitrussaft oder -schalen (Bioqualität) oder Kräuter wie beispielsweise Minze oder Gewürze hinzufügen.

14. Begrenzen Sie die Aufnahme von Einfachzucker.
Schokolade, Gummibärchen, Fertigprodukte wie Tomatenketchup, süße Getränke und Co. enthalten Einfachzucker (ebenso wie Honig und Dicksäfte). Das heißt, sie treiben den Blutzuckerspiegel schnell in die Höhe und lassen ihn ebenso schnell wieder

absinken – das macht müde und energielos, begünstigt Angstgefühle bis hin zu Depressionen und schwächt das Immunsystem. Der Heißhunger auf Süßes ist oft die Folge einer Mangel- oder Fehlernährung und weist oft auf einen Fett-Eiweiß-Mangel hin.

Wie steht es um Ihr Ernährungsverhalten?

Notieren Sie drei Tage lang alles, was Sie essen und trinken – und zu welcher Tages-/Nachtzeit. So können Sie ganz einfach testen, was Sie gegebenenfalls noch verbessern können:

Tag 1	Tag 2	Tag 3

Vergleichen Sie nun Ihre Ernährungsgewohnheiten mit den 14 Ernährungsregeln. Wo können Sie sich etwas Gutes tun, was können Sie verbessern?

_____

_____

_____

_____

Ernährungs-gewohnheiten ändern

Wenn Sie Ihre Ernährungsgewohnheiten ändern wollen, sollten Sie anfangs nur eine oder zwei Änderungen auswählen und diese dann eine Zeit lang konsequent umsetzen: zum Beispiel regelmäßig (warm) frühstücken, mehrere Portionen Gemüse pro Tag essen, Zucker reduzieren, anfangen zu kochen, grüne Kiste bestellen/auf dem Markt einkaufen, sich etwas Gesundes mit ins Büro nehmen. Beobachten Sie, wie Sie sich damit fühlen – was ändert sich? Und bitte überfordern Sie sich nicht: Wenn die Ziele zu hoch gesteckt sind – so zeigt es die Erfahrung –, neigt der Mensch zu schnellem Aufgeben bei den ersten Verlockungen. Stichwort: Silvestervorsätze! Also lieber langsam starten und nach und nach Veränderungen anstoßen und regelmäßig umsetzen. Seien Sie freundlich zu sich selbst – einen anderen Sparringspartner haben Sie in dieser Sache nicht! Und wenn Sie es einmal nicht schaffen durchzuhalten, dann machen Sie eben am nächsten Tag weiter. Sie werden sehen, nach einer Zeit der Umgewöhnung werden Sie auf Ihre neuen Gewohnheiten nicht mehr verzichten wollen, denn der Körper verlangt dann nach diesen guten Dingen. Sie belohnen sich also selbst, indem Sie sich in Richtung Gesundheit bewegen.

Um Ihnen den Einstieg in eine gesündere Ernährung zu erleichtern, haben wir ein paar einfache und leckere Rezepte für Sie, die schnell zubereitet sind und Ihnen spürbar gut bekommen werden. Ein möglicher schöner Nebeneffekt ist, dass auch ihre Figur straffer wird – vorausgesetzt, Sie halten sich daran, eine Zeitlang auf Alkohol, Süßes und Brot (leider gehören auch Pizza und Pasta in diese Kategorie) zu verzichten und den Konsum von Milchprodukten zu begrenzen.

Schnelles Power-Frühstück: Hirse mit Früchten und Nüssen

Zutaten für 1 Portion:

80 g Hirse

1 TL Honig

1 EL süße Sahne oder etwas Butter

Ein paar Mandeln, Walnüsse oder Sonnenblumenkerne

Einige EL frische Beeren wie Himbeeren oder Heidelbeeren oder ein paar getrocknete und kleingeschnittene Aprikosen, Feigen oder Datteln

Zimt oder Kardamom

Zubereitung:

Rösten Sie die gewaschene Hirse bei starker Hitze kurz an. Geben Sie 1/4 l heißes Wasser und die Samen oder Nüsse hinzu und lassen Sie das Getreide nach dem Aufwallen bei schwacher Hitze ca. 10 Minuten ausquellen. Alle Zutaten unterheben und nach Belieben eine Prise Zimt oder Kardamom hinzufügen.

Tipp: Dieses Frühstück macht satt und glücklich, ohne zu beschweren. Hirse ist mineralstoffreich und glutenfrei. Probieren Sie dazu verschiedenes Obst!

Pikante Möhrencremesuppe

Zutaten für 2 Portionen:

1 Pfund Möhren, 500 ml Gemüsebrühe, 100 ml Sahne,

1 EL Olivenöl, 2 EL Sesam

1 Zwiebel, 1 TL Curry, 1 kleines Stück Ingwer, Pfeffer,

1 Prise Muskat

Meersalz, 1 säuerlicher Apfel, etwas Zitronensaft, 1 Tomate, evtl. 1 Schuss Weißwein

Schale von 1 unbehandelten Zitrone

Zubereitung:

Möhren putzen und in Scheiben schneiden. Zwiebel kleinhacken. Ingwer in dünne Scheiben schneiden. Apfel schälen,
Kerngehäuse entfernen und kleinschneiden. Zitronenschale
abreiben und Zitrone auspressen. Tomate achteln. Sesam in
einer beschichteten Pfanne ohne Fett vorsichtig anrösten,
bis er duftet.
Olivenöl leicht erhitzen. Möhren, Zwiebel, Ingwer anschwitzen.
Gemüsebrühe angießen. Curry, eine Prise Salz und die Apfel-
stückchen, Tomatenachtel und 1 TL Zitronenschale dazugeben.
10 Minuten garen. Suppe von der Kochplatte ziehen und pürie-
ren. Sahne sowie Olivenöl hinzugeben. Mit Pfeffer, Muskat, Salz
und Zitronensaft abschmecken. Mit Sesam bestreut servieren.
Tipp: Wenn Sie die Möglichkeit haben, sich im Büro etwas
aufzuwärmen (aber bitte nicht in einer gesundheitsschädlichen
Mikrowelle!), nehmen Sie sich doch eine Portion in einer
Flasche mit. Die Suppe macht satt und hat eine belebende
Wirkung durch ihre feinen Gewürze, sodass Sie nicht ins
„Kantinen-Koma" fallen.

Zitronenhuhnspieße

Zutaten für 4 Portionen:

400 g Hühnerbrustfilet, 4 EL Olivenöl, 1 EL Honig, Sesam-
und Olivenöl zum Braten
2 Knoblauchzehen, ein daumengroßes Stück Ingwer, Pfeffer,
Meersalz,
4 Zitronen, 1 Bund Petersilie 1 TL Rosenpaprika, 1 TL Kurkuma
außerdem: Holzstäbchen

Zubereitung:

Hühnerbrustfilet waschen und trocken tupfen. In schmale
Streifen schneiden. Knoblauchzehen kleinhacken. Ingwer
schälen und hacken. Zitronen waschen, Schale von 2 Zitronen
abreiben und Saft auspressen. Die restlichen Zitronen halbieren

und in Scheiben schneiden; Scheiben ggf. halbieren. Petersilie kleinhacken.

Eine Marinade aus Olivenöl, Honig, Knoblauch, Ingwer, Pfeffer, Salz, Zitronensaft, Zitronenschale, Rosenpaprika und Kurkuma zubereiten. Hühnerstreifen darin marinieren. Mindestens 30 Minuten kalt stellen. Hühnersteifen und Zitronenscheiben auf die Holzstäbchen stecken. Die Spieße in einer Pfanne mit heißem Sesam- und Olivenöl braten, bis sie leicht gebräunt sind. Mit der Petersilie servieren.

Tipp: Dieses Gericht stärkt das Immunsystem. Zitronen sind blutreinigend und belebend. Besonders erfrischend dazu ist ein Joghurt-Gurken-Dipp, abgeschmeckt mit Zitrone, Kurkuma, Reismalz oder Agavendicksaft (alternativ: Honig), Pfeffer und Salz.

Couscous mit Gemüse und Kräutern

Zutaten für 3 Portionen:
200 g Couscous, 350 ml Gemüsebrühe, 5 EL Olivenöl,
1 EL Agavendicksaft, 1/3 Salatgurke, 2 Selleriestangen,
100 g Schafskäse, 3 Frühlingszwiebeln, Pfeffer,
1 Prise Koriander, Meersalz, 3 EL Zitronensaft, 10 Kirschtomaten,
1 Bund Petersilie, 1 Prise Rosenpaprika, 1 Prise Kurkuma,
½ Bund Basilikum, ½ Bund Rauke

Zubereitung:
Couscous mit der kochenden Gemüsebrühe übergießen und ca. 15 Minuten quellen lassen. Salatgurke schälen und in kleine Würfel schneiden. Selleriestangen und Frühlingszwiebeln in feine Ringe schneiden. Kirschtomaten vierteln. Petersilie, Basilikum und Rauke fein hacken. Schafskäse in kleine Würfel scheiden.

Eine Marinade aus Olivenöl, Agavendicksaft, Pfeffer, Koriander, Salz, Zitronensaft, Rosenpaprika und Kurkuma herstellen. Unter den Kuskus rühren. Gurke, Sellerie, Frühlingszwiebeln, Tomaten, Petersilie, Basilikum und Rauke unterheben. Mit dem Schafskäse vermengen. Durchziehen lassen. Ggf. mit Pfeffer und Salz nachwürzen.

Tipp: Dieses Gericht ist perfekt fürs Büro: frisch, gesund und nahrhaft. Damit bleiben Sie in Top-Kondition!

Ihr Vorrats-schrank

Oft scheitern Ernährungsumstellungen daran, dass in irgendwelchen Schränken zu Hause noch Schokolade und Chips lagern und nichts Nahrhaftes vorrätig ist. Räumen Sie Ihre Küchenschränke auf, entsorgen Sie abgelaufene Waren und legen Sie einen Grundvorrat an wichtigen Basislebensmitteln an. Das spart auch den Gang zur Tankstelle nach Feierabend, den einige von uns nur zu gut kennen!

Wenn Sie die im Folgenden aufgeführten Vorräte im Hause haben, können Sie jederzeit etwas Gesundes auf den Tisch zaubern. Als Ergänzung werden frisches Blattgemüse und Kräuter, Fleisch, Fisch und Eier dazugekauft. Wenn Sie nur wenig Zeit haben, nutzen Sie Angebote wie die „Grüne Kiste". Damit haben Sie immer frisches Obst und Gemüse im Haus, das passend zur Jahreszeit zusammengestellt wird. Unser Tipp: Alle Nahrungsmittel, die Sie regelmäßig in Ihren Speiseplan einbauen, sollten von sehr guter Qualität sein – denn damit erneuern Sie sich Tag für Tag.

Gemüse und Obst: Saisonal und möglichst regional einkaufen – das ist gut für Ihre Gesundheit und die Umwelt und schont obendrein den Geldbeutel. Probieren Sie nach Lust und Laune Neues aus! Auf Vorrat gelagert werden können Wurzelgemüse wie Karotten und Kartoffeln, Sellerie, Rote Bete, Kürbis, Ingwer, Zwiebeln und Früchte wie Äpfel und Birnen.

Getreide/Beilagen: Es ist ganz leicht, auf ein Übermaß Kartoffeln und Brot zu verzichten, denn es gibt eine große Auswahl an hochwertigen Getreiden. Zu den besten zählen Hirse, Reis, Polenta, Quinoa und Buchweizen.

Milchprodukte: Ziegen- und Schafskäse machen aus vielen Salaten oder Gemüsegerichten eine befriedigende Mahlzeit. Und ein Schuss Sahne in einer Möhren- oder Rote-Bete-Suppe rundet den Geschmack perfekt ab.

Hülsenfrüchte: Linsen, Bohnen, Kichererbsen und Soja sind allesamt hervorragende Eiweißquellen. Damit sie bekömmlich sind, sollten sie lange eingeweicht werden (mindestens über Nacht) und das Einweichwasser sollte weggegossen werden. Zwei, drei Esslöffel Hülsenfrüchte ergänzen ein Gemüsegericht perfekt.

Fette und Öle: Pflanzenöle wie Olivenöl, Rapsöl oder Sonnenblumenöl sollten in keiner Küche fehlen, ebenso wenig wie Butter.

Essige: Zur Grundausstattung zählen Apfelessig, heller und dunkler Balsamico sowie Reisessig (Genmai Su). Hochwertige Essige sind unpasteurisiert, dadurch weisen sie wertvolle Vitamine und Mineralstoffe auf. Essige haben eine verdauungsfördernde Wirkung.

Trockenfrüchte: Sie peppen jeden Porridge, frische Salate und so manches Gemüsegericht auf: Rosinen, Aprikosen, Datteln, Feigen und Pflaumen. Da Trockenfrüchte sehr süß sind, sollten sie jedoch nur in kleinen Mengen verwendet werden.

Gewürze: Gute Gewürze sind das A und O einer gesunden und hochwertigen Küche. Experimentieren Sie mit kleinen Mengen verschiedener Gewürze, um immer wieder neue Geschmackserlebnisse zu erzielen. Häufig verwendete Gewürze sind: Ingwer, Pfeffer, unraffiniertes Meer- oder Steinsalz, Zimt, Lorbeerblätter, Vanille, Nelken, Wacholderbeeren, Thymian, Rosmarin, Majoran,

Kümmel, Kreuzkümmel, Kurkuma, Koriander, Kakao, Paprikapulver, Anis.

Nüsse und Samen: Sie sind eine gute Eiweißquelle und enthalten hochwertiges Fett: Sonnenblumenkerne, Sesam (auch als Mus: Tahin), Walnüsse, Mandeln und Mandelmus, Kürbiskerne, Pinienkerne, Chiasamen.

Spezialitäten: Schauen Sie sich einmal im Bioladen oder auch im gut sortierten Supermarkt um. Spezialitäten geben Gerichten den besonderen Kick, zum Beispiel diese hier: für den salzigen Geschmack Shoyu (Sojasauce) und Algen, zum Süßen Agavendicksaft, Ahorn- und Reissirup, für die asiatische Note Kokosmilch und -flocken.

Diskussion in der Coaching-Gruppe

In der Feedbackrunde geht es heute sehr angeregt zu, aber auch nachdenkliche Töne schwingen mit.

Julia erzählt, dass sie eigentlich dachte, sie ernähre sich sehr gut. Doch sie würde fast immer kalt essen und Fisch oder Fleisch gar nicht mögen. „Ich fühle mich ja oft schlapp, vielleicht liegt es auch an meiner Ernährung. Ich werde statt Joghurt und Käse Hülsenfrüchte auf den Speiseplan nehmen. Vielleicht gelingt es mir dann besser, am Süßigkeitenregal vorbeizugehen, ohne zugreifen zu müssen!"

Warmes Essen ist wichtig
Das ist tatsächlich eine gute Idee. Viele, zumeist jüngere Frauen, meinen, sich mit Milchprodukten und Smoothies sehr gut zu ernähren. Der Körper braucht aber Gekochtes, damit der Stoffwechsel optimal arbeiten kann. Eiweiß aus Hülsenfrüchten ist eine sehr gute Alternative zu Fisch und Fleisch – die Eiweißzufuhr aus Milchprodukten sollte dagegen begrenzt werden.

Evgenia nimmt für sich mit, immer eine Flasche Wasser griff-bereit zu haben und den Kaffeekonsum einzuschränken: „Ich merke schon, dass mein Körper da Achterbahn fährt!" Wichtig ist immer, eine Alternative zu bisherigen Gewohnheiten auf-zubauen. Was könnte Evgenia anstelle von Kaffee trinken? Dün-ner Kräutertee wie zum Beispiel Eisenkrauttee oder Verbenen-tee oder auch warmes/heißes Wasser wären ideal. Eine weitere Möglichkeit: Wasser mit frischen oder getrockneten Kräutern oder Gewürzen aromatisieren.

Ana will ausprobieren, ob sie auch für sich allein ein schönes Es-sen zubereiten und dieses genießen kann. „Ich habe immer für die Familie gekocht. Nur für mich allein habe ich einfach keine Lust, mich an den Herd zu stellen. Aber immer nur Tiefkühlessen oder etwas vom Imbiss, das ist natürlich nicht gesund. Das merke ich auch langsam." Sie schaut auf ihren nicht sichtbaren Bauchansatz und greift mit der Hand hinein.

Alle lachen, nur Gaby ist etwas wehmütig. Sie sagt: „Wisst ihr, ich habe schon so oft versucht, meine Süßigkeiten- und Prosecco-Gelüste in den Griff zu bekommen. Ich denke, bei mir ist es der psychische Stress, die Sorgen wegen der finanziellen Probleme, die mich dazu bringen, mich ungesund zu ernähren. Ich weiß noch nicht, ob ich da zum jetzigen Zeitpunkt etwas machen will und kann. Mir fehlt es da an Unterstützung. Vielleicht sollte ich professionelle Hilfe in Anspruch nehmen."

Sich Unterstützung holen – das ist ein guter Gedanke. Ob es ums Abnehmen, ums Sportmachen oder darum geht, andere Dinge anzuschieben, die einschneidende Veränderungen der eige-nen Gewohnheiten bedingen, alles geht leichter mit der Un-terstützung von Profis wie Coaches, Personal Trainern oder Gesundheitsberatern. Auch Freunde und Familie können hel-fen, dranzubleiben.

Sich
Unterstützung
holen

Marion beendet die Runde. Sie wirkte bei dem heutigen Termin lockerer als sonst, selbstbewusster, was sich auch äußerlich zeigte. Was sie sagt, empfinden alle als sehr bewegend. „Ich bin immer irgendwie die graue Maus gewesen, habe mich nie getraut, nur für mich etwas zu machen. Nach mir hat sich auch nie einer umgedreht. Na ja, außer mein Mann, der schon. Und mit ihm bin ich auch nach all den Jahren noch happy. Das weiß ich wirklich sehr zu schätzen, ein Riesenglück. Aber bei mir ist tatsächlich ein kleiner Stein ins Rollen gekommen. Auf dem Wellnesswochenende – ja, ich hab's tatsächlich gemacht – habe ich gemerkt, wie gut das tut, wenn man sich einfach einmal treiben lassen kann. So verwöhnt zu werden, gab mir irgendwie einen Wert. Klingt vielleicht blöd, aber mich hat das so motiviert, dass ich tatsächlich mit einem Zuhause-Verwöhn-Programm gestartet bin. Ich möchte einfach von mir selbst und auch von anderen als attraktiv wahrgenommen werden. Dafür tue ich jetzt einiges: Sport, gesund essen, solche Sachen – und damit habe ich auch schon angefangen!"

Stille. Vermutlich denken einige der Teilnehmerinnen über das Wechselspiel von inneren und äußeren Werten nach. Dann sagt Ana: „Marion, das ist klasse! Ich weiß, was es heißt, in sich selbst zu investieren. Sich attraktiv zu fühlen, das ist eine lebenslange Aufgabe, die ganz viel mit eigenem Anspruch und Disziplin zu tun hat: Joggen gehen, wenn es regnet und es im Bett so gemütlich warm ist. Den Wein stehen lassen und stattdessen zum Wasser greifen, weil man weiß, wie quälend der Kater am nächsten Tag sein wird. Und überhaupt: losgehen, statt sich zu verkrümeln. Respekt, dass Du das angehst!"

Erfolgsteams Nach diesem ausgiebigen und sehr positiven Feedback schließen wir die dritte Coaching-Runde. Alle haben weitere wichtige Erkenntnisse für sich erzielen können und alle haben sich in kleinen Gruppen zum Weiterarbeiten verabredet. Wunderbar, das Konzept geht auf: Jede unterstützt die andere dort, wo sie ihr voraus ist, und umgekehrt. So entstehen im Ergebnis nur Gewinner und wir können uns als Coaches immer rarer machen.

Die Wohlfühl-balance zwischen Anpacken und Loslassen

TAG

4

Ziele definieren, Schritte planen, sich auf den Weg machen, Anpassungen vornehmen, dranbleiben: All dies macht Freude, kostet aber auch Kraft. Deshalb ist es unerlässlich, kleine und größere Pausen einzulegen – und die wichtigen Bereiche „Entspannung" und „guter Schlaf" zu kultivieren. Dauerhaft erfolgreich kann nur sein, wer seine Wohlfühlbalance zwischen Anpacken und Loslassen findet.

Setzen Sie Ihre Karrierewünsche in die Tat um?

Viele Menschen haben zwar eine ungefähre Vorstellung davon, was sie möchten, setzen sich mit ihren Ideen und Wünschen aber nicht konkret auseinander. Ohne die Definition eines konkreten Ziels wird es aber leider auch keine Zielerreichung geben. Dabei ist es manchmal gar nicht so schwer, das ein oder andere im eigenen Leben zu verändern, um wieder etwas zufriedener und glücklicher zu sein. Aber da uns oftmals schon der Alltag überfordert, schaffen wir es nicht, den ersten Schritt zu gehen und ein klares Ziel zu definieren. Und so bleibt die Antwort auf die Frage, was genau wir eigentlich anders haben möchten, sehr schwammig und nebulös.

In solchen Situationen leben wir dann einfach das weiter, was wir kennen, auch wenn wir unzufrieden sind. In unserem unzufriedenen Leben kennen wir uns wenigstens aus und wir können jammern und stöhnen. Ist die Last nicht allzu schwer, lässt es sich so doch erstaunlicherweise einigermaßen gut leben. Ob Ihnen das ausreicht oder nicht, entscheiden Sie natürlich selbst. Eines muss Ihnen aber klar sein: Wenn Sie in Ihrem Leben etwas verändern möchten, dann gelingt Ihnen das nur mit einer Portion Energie. Ohne etwas Aufwand wird keine Veränderung möglich sein.

 Etwas zu verändern bedeutet, sich auf die Suche nach der Ursache der Unzufriedenheit zu machen und die Themen zu strukturieren, einen Plan zu entwerfen und diesen dann Schritt für Schritt abzuarbeiten, und das nicht nur heute und morgen, sondern über mehrere Wochen, Monate oder sogar Jahre hinweg.

Keiner kann Ihnen die Entscheidung abnehmen, ob Sie eine Veränderung tatsächlich in Angriff nehmen möchten oder nicht. Das, was wir Ihnen in diesem Buch anbieten können, ist ein Vorschlag. Ein Vorschlag, wie Sie es angehen könnten, wenn Sie etwas in Ihrem Leben verändern möchten. Vielleicht lesen Sie sich diesen Vorschlag einfach einmal durch, machen die Übung in diesem Kapitel und erfahren dann, wie unsere Protagonistinnen mit dem Thema umgehen. Danach können Sie gut informiert die Entscheidung für oder gegen eine Veränderung treffen. Falls Sie diese heute noch nicht angehen, kann für Sie vielleicht in einigen Wochen oder Monaten der richtige Zeitpunkt gekommen sein.

Was ist Ihre Vision?

Meistens ist es so, dass wir eine ungefähre Vorstellung davon haben, wo wir hinwollen bzw. was wir verändern möchten. Diese Ahnung oder auch dieses verschwommene Bild nennt man Vision. Man kann eine Vision auch als langfristiges und daher noch sehr ungenaues Ziel beschreiben.

Wenn Sie selbst nach längerem Nachdenken und einigen Spaziergängen noch keine Idee davon haben, wohin Sie sich zum Beispiel beruflich bewegen wollen, dann müssen wir noch einen Schritt vorher ansetzen. Denn die Frage lautet dann, wie kommen Sie zu einer (beruflichen) Vision? Hierzu haben wir einige Vorschläge und Beispiele für Sie:

Eine Vision entwickeln

Wer übt eine berufliche Tätigkeit aus, die Ihnen gefällt?
Manchmal kommen einem gute Ideen, wenn man sich einfach ein wenig umschaut: Wer von Ihren Freunden, Bekannten, Kollegen oder auch welche fremden Menschen üben eine berufliche Tätigkeit aus, die Ihnen gefällt?

Wenn Ihnen dazu jemand einfällt, bedeutet das zwar nicht zwangsläufig, dass auch Sie den Beruf dieser Person ausüben sollten, aber es gibt Ihnen einen ersten Anhaltspunkt. Möglicherweise fassen Sie die Frage etwas konkreter und zu Ihrem Profil passend, indem Sie sich anschauen, was genau andere Menschen mit Ihren Kenntnissen und Fähigkeiten tun, das Sie anspricht. Denn dann ist eine grundlegende Vergleichbarkeit zwischen diesen Personen und Ihnen schon einmal gegeben. Falls diese Fragestellung Ihnen jedoch gar keine Inspiration gibt, dann wechseln wir die Bühne.

Wofür haben Sie sich früher einmal (beruflich) begeistert?
Vielleicht erinnern Sie sich an eine Phase in Ihrem Leben, in der Sie sich beruflich für eine Position oder Tätigkeit so richtig begeistert haben. Damit meinen wir nicht zwangsläufig den Beruf, den Sie als Kind ergreifen wollten. Denn Berufe wie Krankenschwes-

ter, Friseurin oder Lehrerin mögen für viele Mädchen attraktiv gewesen sein, doch mit zunehmendem Alter rücken oft weitere Möglichkeiten in den Blick. Sicher gab es Erlebnisse in Ihrem Berufsleben, bei denen Sie an einer Tätigkeit besonders viel Freude hatten. Schreiben Sie doch einmal auf, was genau Sie damals begeistert und motiviert hat, und überprüfen Sie, ob das heute immer noch so ist.

Interviewen Sie andere!

Laden Sie einige Menschen Ihres Vertrauens ein und beschreiben Sie diesen knapp Ihre Fähigkeiten. Fragen Sie sie dann nach ihrem Rat: Was genau könnte man aus ihrer Sicht mit diesen Fähigkeiten beruflich anfangen? Fragen Sie diese Menschen auch nach ihren eigenen Erfahrungen. Möglicherweise inspiriert Sie die ein oder andere Antwort zum Weiterdenken.

Verlassen Sie Ihre Komfortzone!

Falls Sie mit keiner dieser Methoden zu einer neuen (beruflichen) Idee gelangen, dann raten wir Ihnen, einmal Ihre Komfortzone zu verlassen. Das können Sie tun, indem Sie sich ein neues Hobby zulegen, sich mit Menschen beschäftigen, mit denen Sie ansonsten keinerlei Berührungspunkte haben, oder indem Sie ein neues Urlaubsziel ausprobieren oder auf eine neue Art Urlaub machen. Ihrer Fantasie ist keine Grenze gesetzt. Wichtig ist nur, dass Sie einmal etwas anders machen als sonst. Möglicherweise erfolgt daraus ein neuer Impuls, der Sie zum Weiterdenken inspiriert.

Und wenn gar nichts geht: Entspannen Sie sich!

Wenn Sie selbst das Verlassen der Komfortzone nicht weiterbringt, dann soll es in Ihrem Leben vielleicht gerade so sein. Möglicherweise will Ihr Unbewusstes Sie einfach nur schützen. Vielleicht ist bei Ihnen gerade vieles passiert, das erst einmal seelisch verarbeitet werden möchte. Vielleicht sind Ihr Körper und Ihre Seele zurzeit nicht bereit, weitere Veränderungen zu durchleben. Das sollten Sie dann akzeptieren und es zu einem späteren Zeitpunkt noch einmal probieren.

Die Vision verwirklichen

Nehmen wir nun an, Sie haben eine Vision Ihrer (beruflichen) Zukunft, das heißt, Sie wissen, wo Sie in den nächsten drei bis fünf Jahren (beruflich) stehen möchten. Diese Übung hilft Ihnen nun, diese Vision Schritt für Schritt zu verwirklichen.

1. Vision konkretisieren

Was genau möchten Sie erreichen? Versuchen Sie, Ihre Vision so konkret wie möglich zu formulieren. Die folgenden Fragen können dabei als Inspiration dienen:

- Welche Tätigkeit üben Sie aus, wenn Sie Ihre Vision verwirklicht haben?
- In welchem Unternehmen arbeiten Sie dann?
- In welcher Position?
- Haben Sie ein Team?
- Wenn ja, wie groß ist es?
- Reisen Sie viel oder sind Sie vor Ort?
- In welchem Büro sitzen Sie?
- Wie viel Gehalt beziehen Sie?
- An welchen Fortbildungen dürfen Sie teilnehmen?
- In welchen Netzwerken sind Sie dann unterwegs?
- Wer kennt Sie dann aus welchen Gründen?

Sie können diese Liste jederzeit erweitern. Notieren Sie sich hier, was Ihre berufliche Vision ausmacht:

_____

_____

_____

_____

_____

2. Einzelne Schritte festlegen

Jetzt gilt es, die einzelnen Schritte auf dem Weg zu Ihrer Vision festzulegen. Nehmen Sie sich dazu ein Blatt Papier und schreiben Ihre Vision in die Mitte des Blattes. Fragen Sie sich nun, was genau passieren muss bzw. was Sie unternehmen müssen, um diese Vision ins Leben zu rufen. Nun fertigen Sie eine Mindmap an, das heißt, Sie notieren die einzelnen Schritte sternförmig um die eigentliche Vision herum, so wie im folgenden Beispiel dargestellt:

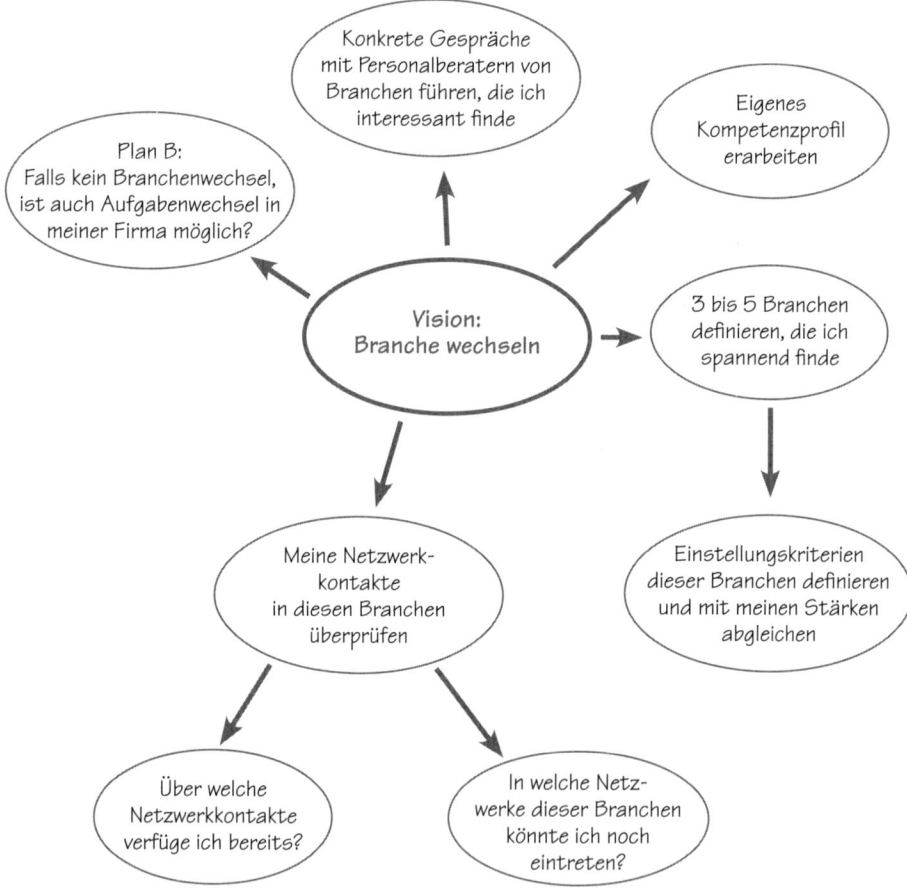

3. Schritte priorisieren

Schauen Sie sich nun alle To-dos an und bewerten diese nach Wichtigkeit. Möglicherweise gibt es so etwas wie einen ersten Schritt, der unbedingt umgesetzt werden muss und auf den alle weiteren aufbauen. Wenn Sie zum Beispiel in den nächsten Jahren eine Führungsposition in Ihrem Unternehmen bekleiden möchten, dann muss möglicherweise Ihr Chef oder die Personalabteilung Ihnen das grundsätzliche Potenzial für eine derartige Position bescheinigen. In diesem Fall muss dieser Schritt als Erstes erfolgen. Wenn Sie diese Aufgabe durchgeführt haben, dann ergibt sich daraus eine Priorisierung der einzelnen Schritte hin zu Ihrer Vision.

4. Jahresziel definieren

Stellen Sie sich nun die Frage, welche dieser Schritte Sie innerhalb eines Jahres umsetzen können, und formulieren Sie daraus ein Jahresziel. Bedienen Sie sich bei der Zielformulierung der sogenannten SMART-Formel. SMART ist die Abkürzung für:

S: spezifisch (im Sinne von konkret, präzise)
M: messbar
A: attraktiv
R: realistisch
T: terminiert

Wie genau sieht also Ihr Jahresziel aus, das auf Ihre Vision einzahlt? Stellen Sie sicher, dass es die Kriterien der SMART-Formel erfüllt: Ist es spezifisch, also konkret formuliert? Wissen Sie, woran Sie nach zwölf Monaten messen können, ob Sie Ihr Jahresziel erreicht haben? Ist das Ziel für Sie attraktiv? Und ist es auch realistisch, dass Sie es erreichen? Schreiben Sie hier Ihr Ziel auf:

_____

_____

_____

_____

5. Entwickeln Sie einen Jahresplan

Definieren und entwickeln Sie jetzt einen Jahresplan. Sie haben zwölf Monate Zeit, um Ihr Jahresziel umzusetzen. Was genau möchten Sie an welchen Tagen, in welchen Wochen oder Monaten dafür tun? Notieren Sie sich diese kleinen Schritte in Ihrem Online- oder Offline-Kalender. Achten Sie dabei darauf, dass diese To-dos sinnvolle und realistische Schritte sind. Sie können sich auch eine Timeline aufzeichnen, die beispielsweise so aussehen könnte:

Erstellung meines eigenen Kompetenz-profils: Was kann ich und was kann ich nicht?	Alle Netzwerk-kontakte in meinem Job und außerhalb auflisten, über die ich verfüge	3 bis 5 konkrete Unternehmen heraussuchen und dort die Personal-abteilung kontaktieren	Bewerbungs-unterlagen fertigstellen und versenden	Bewerbungs-gespräche in Unternehmen führen	Bewerbungs-unterlagen optimieren anhand der Erfahrungen, evtl. Wechsel der Bewer-bungsstrategie
heute	Ende Dezember 2018	1. Januarwoche 2019	Ende Januar 2019	März/April 2019	Mai 2019	30. 06. 2019

Wenn Sie diese Übung durchgeführt haben, dann steht nun Ihr Ziel und Sie können mit der schrittweisen Abarbeitung beginnen. Sollten Sie in der Zwischenzeit feststellen, dass Sie einzelne Punkte nicht umsetzen oder zeitlich ins Hintertreffen geraten, dann prüfen Sie Ihren Plan noch einmal auf Realisierbarkeit. Möglicherweise muss der ein oder andere Punkt angepasst werden.

Die Visionen der Teilnehmerinnen

Kommen wir nun zu unseren Workshop-Teilnehmerinnen zurück. Das letzte Treffen findet statt und wir bemerken bei den Teilnehmerinnen ein wenig Wehmut. Auch wir verspüren diese. In einem Prozess, in dem sich jeder sehr öffnet, kommt man sich nahe und lernt sich kennen. Entsprechend schwer fällt der Abschied. Dennoch wollen wir uns heute noch einmal mit viel Energie wichtigen Themen widmen.

Auch die Teilnehmerinnen befassen sich heute mit den Themen „Ziele setzen" und „Timeline definieren". Hierzu bitten wir alle, die eben beschriebene Übung durchzuführen. Das bedeutet:
- Erarbeitung einer beruflichen Vision
- Definition der zur Verwirklichung erforderlichen Schritte
- Priorisierung und Gewichtung der einzelnen Schritte
- Ableitung eines Jahresziels
- Aufstellung einer Timeline für zwölf Monate
- Starten

Alle Teilnehmerinnen sind zunächst von diesem Vorgehen begeistert. Denn nach viel Vorarbeit und Reflexion in den letzten Coaching-Sitzungen erfolgt jetzt ein sehr praxisnaher Umsetzungsschritt. Dass dieser dann doch gar nicht so einfach ist wie gedacht, werden wir gleich bei der Abarbeitung der einzelnen Übungsbestandteile erleben.

Praxisnaher Umsetzungsschritt

Auch dieser Übung dürfen sich die Teilnehmerinnen zunächst in Einzelarbeit widmen, um dann ihre Ergebnisse mit ein oder zwei selbst gewählten Sparringspartnern zu reflektieren. Allen erscheint die Übung zunächst sehr einfach, doch schon nach den ersten zehn Minuten hört man das erste Stöhnen im Raum, die Köpfe rauchen und einigen steht die Verzweiflung ins Gesicht geschrieben. Ja, jetzt ist die Zeit gekommen, klare Schritte zu definieren – oft ist das die schwierigste Aufgabe. Wir setzen uns nach der Übung zusammen und sammeln die Erfahrungen der Einzelnen.

Heute meldet sich Marion als Erste zu Wort – sie hat an dem Thema „Erarbeitung einer beruflichen Vision" gearbeitet. Das steht für sie zurzeit im Mittelpunkt. Marion berichtet, dass sie sich vor zwei Wochen mit Ana getroffen habe. Ana habe ihr sehr dabei geholfen, Ideen zu sammeln. Nach diesem Treffen sei ihr klargeworden, dass es für sie gar nicht so aussichtslos sei, sich noch einmal beruflich zu verändern und etwas Neues zu beginnen. Erste Ideen seien also schon geboren und daran habe sie heute weitergearbeitet. Das alles sei aber noch nicht spruchreif, deshalb möchte sie ihre Gedanken heute noch nicht mit den anderen teilen. Sie sei ein wenig abergläubisch und denke, wenn sie über halb fertige Ideen plaudere, dann seien diese zum Misserfolg verdammt.

Ihr habe es heute insbesondere sehr gutgetan, dass wir Coaches angeboten hätten, sich zunächst erst einmal damit zu beschäftigen, was genau eine Vision für jede Einzelne sein könne. Das habe ihr den Druck genommen, gleich mit einem klaren Ziel aufwarten zu müssen.

Einfach mal auf Neues einlassen

Marion berichtet weiter, dass ihr die Idee gekommen sei, sich einfach mal auf etwas Neues einzulassen: „In vier Wochen möchte ich einen Urlaub machen, der sich von meinen üblichen Urlaubsreisen völlig unterscheidet: Ich besuche mit anderen, mir noch fremden Frauen eine Woche lang eine Schreibwerkstatt auf der Insel Sylt. Ich träume nämlich schon seit vielen Jahren davon, zu lernen, wie man einen Roman oder ein Gedicht schreibt. Möglicherweise gibt mir das neue Inspiration, gerade auch zum Thema berufliche Neuorientierung." Sie verspricht, uns allen eine Karte zu schreiben, sobald sie sich ein neues Ziel gesetzt hat.

Ana ergreift danach gleich das Wort und applaudiert noch einmal in Richtung Marion. Sie sei total begeistert von Marions Idee, auch wenn diese noch nicht unmittelbar in die berufliche Veränderung münde. Aber ein erster Schritt in Richtung „Verlassen der eigenen Komfortzone" sei getan. Und dieser erste Schritt sei immer der Wichtigste.

Ana hat eine klare Vision: Sie möchte in fünf Jahren eine anerkannte und bekannte Maklerin im Großraum Hamburg sein. Dabei möchte Sie sich auf den Bereich private Luxusimmobilien konzentrieren. Ein erster Schritt wird der Besuch eines Lehrgangs sein, um sich eine entsprechende berufliche Qualifikation zu erarbeiten. Ana ist für ihren Plan Feuer und Flamme und alle im Raum können sich sehr gut vorstellen, wie sie demnächst Interessenten erfolgreich die ein oder andere Luxusimmobilie präsentieren wird. Der Job passt perfekt zu ihr. Dass sie das notwendige verkäuferische Geschick hat, nimmt ihr jede sofort ab.

Mit dem möglichen Einstieg in das Kosmetikgeschäft ihrer Freundin habe sie sich gar nicht mehr weiter beschäftigt. Am Anfang der Workshop-Reihe habe sie das Gefühl gehabt, dass sie dieses Angebot unbedingt annehmen müsse. In den letzten Wochen sei ihr aber klargeworden, dass sie auch versuchen darf, auf ihren Traumjob hinzuarbeiten. Und dieser sei, als Maklerin tätig zu sein. Beim Erzählen hat Ana Tränen in den Augen.

Klares Ziel: Traumjob Maklerin

Gaby geht es gerade ähnlich wie Marion. Sie habe für sich selbst festgestellt, dass der erste Stein bei ihr ins Rollen gekommen sei, was sehr gut sei. Doch sie benötige in den nächsten Wochen noch etwas Zeit, um herauszufinden, was genau sie beruflich unternehmen möchte.

Ihr sei im Rahmen des Coachings noch einmal sehr deutlich bewusst geworden, dass es nicht an mangelnden Qualifikationen oder Fähigkeiten liege, dass sie keinen passenden Job finde. Vielmehr mache ihr zu schaffen, dass sie nicht in einem Job bleiben könne. Sie schaue sich parallel gerade nach einer Kurzzeitintervention oder Therapie um. Denn sie habe das Gefühl, dass mehr dahinterstecken könnte und dass es unabdingbar für sie sei, dieses Thema aufzulösen. Alle Teilnehmerinnen klatschen daraufhin. Gaby ist ganz gerührt, man sieht es ihr an ihrer Mimik an.

Möchte sich Hilfe holen

„Wie sonst soll ich einen Job finden, der mich auf Dauer zufrieden macht?", ergänzt sie. „Es liegt ja nicht an den Jobs, sondern an mir. Das ist eine schmerzhafte, aber sehr wertvolle Erkenntnis, die ich aus diesem Coaching mitnehme. Dafür bin ich sehr dankbar."

Julia schließt sich Gaby an: „Auch für mich sind einige Erkenntnisse gerade etwas schmerzhaft, aber so ist es wohl, wenn man sich aus der Komfortzone wagt, um im Leben zu wachsen."

Julias konkrete Ziele lauten: sich selbst Wertschätzung im Job geben, um nicht von anderen abhängig zu sein, und den eigenen Perfektionismus etwas zurückschrauben. Diese beiden Ziele hätten sich im letzten Gruppen-Coaching für sie schon herauskristallisiert und in den letzten vier Wochen verfestigt. Allerdings sei für sie noch unklar, wie sie die einzelnen To-dos definieren solle. Was genau könne Sie tun, um sich selbst im Job mehr wertzuschätzen?

Erfolge feiern Sofort kommen einige Ideen von den anderen Teilnehmerinnen. „Feiere doch mal deinen Erfolg, indem du in Ruhe einen Stadtbummel machst und dir etwas Schönes gönnst", wirft Marion in den Raum.

Julia lächelt und freut sich, für sich selbst auf dem richtigen Weg zu sein, auch wenn die ein oder andere Idee noch wachsen muss. „Ich habe das Gefühl, ich habe bereits mit den ersten Schritten der Veränderung begonnen. Das fühlt sich sehr gut an. Ich gestalte wieder aktiv meine Karriere, anstatt zu meckern und zu stöhnen und nur von anderen etwas zu fordern."

Evgenia ist dieses Mal die Letzte. Auch das ist eine sehr interessante Entwicklung. Bisher ist sie immer schnell mit ihren Präsentationen in Führung gegangen. Sie äußert sich folgendermaßen: „Ich übe gerade, das Tempo aus allem etwas herauszunehmen. Wenn ich empathischer werden möchte, dann ist es sicher wichtig, auch den anderen Menschen einfach mal zuzuhören. Ich muss sagen, das fällt mir noch unglaublich schwer. Ich rutsche schon seit zehn

Minuten auf dem Stuhl hin und her und hoffe, dass die anderen bald fertig sind. Das meine ich nicht abwertend, aber ich kenne es eben so, dass ich meistens die Erste oder Zweite bin, die redet.

Meine Vision ist klar: Ich möchte in spätestens drei Jahren die nächste Karrierestufe genommen haben. Mein konkreter nächster Schritt sieht so aus, dass ich kommende Woche ein Gespräch mit meinem Chef führen werde, um zu fragen, wie er mich einschätzt. Ehrlich gesagt habe ich mich in den letzten Monaten vor diesem Gespräch gedrückt, da ich die Befürchtung hatte, das könnte schlecht für mich laufen. Aber ich merke nun, dass an diesem Gespräch kein Weg vorbeiführt und ich mir die Antwort abholen muss. Wenn es tatsächlich so sein sollte, dass mein Chef mich nicht in einer höheren Position sieht, dann werde ich mich mittelfristig nach etwas anderem umsehen müssen. Das Aufschieben hilft mir nicht weiter."

Aufschieben hilft nicht

Können Sie auch abschalten?

Wir machen nach dieser Austauschrunde eine kleine Pause. Der zweite von drei Blöcken am heutigen Tag behandelt das wichtige Thema Entspannung und guter Schlaf. Bei allen großen und kleinen Arbeiten und Zielen, die wir an einem Tag oder über einen längeren Zeitraum verfolgen, ist das regelmäßige Innehalten und Regenerieren von fundamentaler Bedeutung. Ähnlich wie bei der Bewegung gilt auch hier, dass ein Tag ohne Pausen nicht mit einer „großen Pause" nach Feierabend wettzumachen ist.

Anspannung ohne Entspannung, Bewegung ohne Ruhe kann es nicht geben. Wie ein Motor, der über längere Zeit zu heiß läuft, kann auch der Mensch ausbrennen, wenn er sich im wahrsten Sinne des Wortes pausenlos zu viel zumutet und ständig über seine Grenzen geht.

Pausen machen und sich entspannen

Für viele gehört das Überschreiten der eigenen Grenzen allerdings zum Arbeitsalltag: Nach einer Studie der pronova BKK verlässt fast jeder Dritte seinen Arbeitsplatz an den meisten Tagen nicht ein einziges Mal. Ein weiteres Drittel nutzt seine Pausen, um Dienstliches zu besprechen. Viele weitere Arbeitnehmer verbringen ihre Pausen damit, private Erledigungen zu machen wie Einkaufen und Termine organisieren. Das ist eine äußerst bedenkliche Entwicklung, die in immer höheren Krankenständen mündet, zu Burn-out beitragen kann und auch die große Entspannung am Ende des Tages, den Nachtschlaf, gefährdet.

Pausen sind sinnvoll Dabei steht bereits seit 1994 der Anspruch auf Pausen für alle im Arbeitszeitgesetz: 30 Minuten bei einer Arbeitszeit bis neun Stunden pro Tag, 45 Minuten für alles darüber. Das ist auch absolut sinnvoll. Denn die Leistungsfähigkeit schwankt in einem etwa 90-minütigen Rhythmus. Die Aufmerksamkeit lässt nach, der Körper schaltet von Konzentration auf Erholung um. Ganz klar signalisiert er uns: Ich brauch jetzt mal eine Pause! Zusätzlich zu den 30 Minuten Mittagspause sollten dann etwa fünf Minuten eingeplant werden, um sich zu erholen.

Fragt man nach den Ursachen von Deutschlands Pausendefizit, ist die Macht der Führungskräfte nicht zu unterschätzen: Arbeiten diese pausenlos durch, hält das auch engagierte Mitarbeiter davon ab, ihre Pausen wahrzunehmen. Fortschrittlicher sind hier Unternehmen, die ein betriebliches Gesundheitsmanagement aufgesetzt haben, das neben der Kommunikation dieser Basics den Mitarbeitern beispielsweise auch Yogakurse, Ruheliegen oder Massagen anbietet.

Pausengewohnheiten der Teilnehmerinnen Fragen wir uns doch einmal selbst: Was und wie viel tun wir zur Entspannung in unserem Arbeitsalltag? In einer Blitzlichtrunde äußern sich die Teilnehmerinnen zu ihren Pausengewohnheiten:

- Evgenia: „Ich nutze unser firmeneigenes Fitnessstudio und mache eine Runde Spinning, statt in der Mittagspause in die Kantine zu gehen."
- Gaby: „Ich koche mir einen Tee und schaue dabei aus dem Fenster."
- Ana: „Da ich nicht arbeite, mache ich eigentlich gar keine Pause. Okay, manchmal träume ich ein bisschen vor mich hin, zum Beispiel, dass ich am Strand entlanglaufe."
- Marion: „Ich quatsche mehrmals am Tag mit meiner Lieblingskollegin. Manchmal gehen wir zusammen raus und holen uns ein Eis."
- Julia: „Wenn ich es schaffe, gehe ich zum Yoga. Ansonsten hetze ich durch den Tag und falle dann erschöpft ins Bett. Mein Schlaf ist oft unterbrochen – ich wache nachts auf, ohne dass es einen Anlass dafür gibt. Meist kann ich dann schwer wieder einschlafen und grüble über einer unangenehmen Job-Aufgabe."

Ein paar gute Ansätze sind bei den Teilnehmerinnen bereits vorhanden, es kann aber auch noch einiges verbessert werden. Grundsätzlich gilt: Alles, was Spaß macht, die Gesundheit fördert und ein Gegenprogramm zur Arbeitsroutine darstellt, ist geeignet für eine sinnvolle Pause zwischendurch. Diese sollte Körper, Geist und Seele entspannen und so die Leistungsfähigkeit wiederherstellen. Entscheidend ist, sich während der Pause im Kopf von der Arbeit zu distanzieren. Bewegung ist immer gut, am besten, indem man kurz aufsteht, sich streckt, das Fenster öffnet, durchatmet und tatsächlich den Arbeitsplatz ein paar Minuten verlässt, sei es, um sich einen Tee zu kochen oder ein Wasser zu holen, sei es, um ein paar Bewegungsübungen zu machen. Manchmal hilft nur der Gang zur Toilette, um wirklich ein paar Minuten für sich zu sein.

Distanz zur Arbeit schaffen

Psychologen empfehlen, sich alle 1,5 Stunden einen Wecker zu stellen und dann auch wirklich eine Pause einzulegen. Denn die meisten Menschen machen in der Regel erst dann eine Pause, wenn sie schon völlig erschöpft sind – und das ist eindeutig zu spät.

In Japan ist Power-Napping, der gesunde Minutenschlaf, eine verbreitete Methode, um die Batterien schnell wieder aufzuladen. Power-Naps genießen dort durchaus ein hohes Ansehen, frei nach dem Motto: „Wow, dieser Mensch hat so hart gearbeitet, dass er jetzt in den Erschöpfungs-Kurzschlaf fällt." Tatsächlich senken regelmäßige Nickerchen das Risiko für Herz-Kreislauf-Erkrankungen um 35 Prozent. Schon 15 Minuten Kurzschlaf reichen, um die Leistungsfähigkeit um 35 Prozent zu steigern. In Deutschland hat der Büroschlaf leider kein gutes Image, obwohl alle Studien zeigen, dass er gesund ist – und dass die „verlorenen" Minuten durch die anschließend höhere Leistungsfähigkeit locker kompensiert werden. Doch lieber greift man hierzulande zu Kaffee und Energy-Drinks – und in die Süßigkeitenbox. Kommt Ihnen das bekannt vor?

Eine Alternative zum Nickerchen, um mental schnell wieder fit zu werden, ist die Gedankenreise, wie Ana sie beschreibt: Egal, ob man sich einen Strand, eine Berglandschaft oder das Surfen auf der Welle vorstellt – Hauptsache, die Reise führt einen weit weg von der aktuellen Arbeitsaufgabe. Auch Atemübungen sind gut, um den Kopf freizubekommen und den Körper mit Sauerstoff zu versorgen.

 ## Schnellentspannung am Arbeitsplatz

Hier finden Sie eine kleine Auswahl an Übungen, mit deren Hilfe Sie am Arbeitsplatz ganz schnell und einfach Energie tanken können:

Den Atem zählen: Bei geöffnetem Fenster in aufrechter Haltung stehen (siehe auch die Übung „Der richtige Stand" im Kapitel zu Tag 3), die Hände auf den Bauch legen und entspannt einatmen. Beim Ausatmen „eins" denken, einatmen, beim nächsten Ausatmen „zwei" denken usw. Auf diese Art bis zehn zählen und dann wieder runterzählen bis eins.

Das innere Lächeln: Langsam und regelmäßig durch die Nase einatmen und durch den Mund ausatmen, dabei die Vorstellung entwickeln, dass sich ein inneres Lächeln mit jedem Atemzug im gesamten Körper ausbreitet.

Palmieren – Augenentspannung: Gerade diejenigen, die den ganzen Tag vorm Computer sitzen, haben häufig mit überanstrengten Augen zu kämpfen. Da hilft das sogenannte „Palmieren". Reiben Sie Ihre Hände gegeneinander, sodass sie warm werden. Dann legen Sie sie über die Augen, sodass die Handinnenflächen wie schützende warme Kuppeln über den Augen liegen, ohne sie zu berühren. Die Finger kreuzen sich locker über der Stirn. Die Augen dabei sanft geschlossen halten und ein paar Sekunden ruhen lassen.

Armschwingen: Bei aufrechter Haltung (s. Übung im Kapitel zu Tag 3) zunächst den linken Arm sanft vor- und zurückschwingen lassen (etwa 45 Grad), der Fokus liegt auf der Rückwärtsbewegung. Etwa 20-mal, dann auspendeln lassen. Dann das Gleiche mit dem rechten Arm wiederholen.

Wie sieht es mit Ihren persönlichen Pausengewohnheiten aus? Machen Sie ausreichend Pausen oder können Sie bei diesem wichtigen Thema noch etwas verbessern?

Hier können Sie aufschreiben, was Ihnen zu Ihrer ganz persönlichen Pausenkultur einfällt:

_____

_____

_____

_____

_____

Nicht immer und nicht für jeden reichen individuelle, informelle und „selbst gestrickte" Entspannungsübungen aus. Wenn Sie langfristige und tiefere Entspannung in Ihr Leben holen wollen, dann raten wir Ihnen, in einem zertifizierten Kurs eine Methode, die zu Ihnen passt, zu erlernen. Infrage kommen hier beispielsweise Progressive Muskelentspannung, Autogenes Training, Qigong, Yoga, MBSR (Mindfulness Based Stress Reduction) oder auch verschiedene Meditationsformen.

Fragen Sie gegebenenfalls bei Ihrer Krankenkasse nach, denn oftmals wird ein Gesundheitskurs bei regelmäßiger Teilnahme unterstützt. Wichtig ist es, einen guten Lehrer zu haben, der Sie professionell korrigieren und Ihre Fragen beantworten kann. CDs oder Online-Kurse eignen sich für das Erlernen einer neuen Technik daher nicht so gut. Auch ist nicht jede Methode für jeden gleich gut geeignet. Fragen Sie deshalb nach einer Probestunde, damit Ihnen die Entscheidung für ein bestimmtes Training leichter fällt.

Eine Entspannungstechnik zu erlernen und regelmäßig anzuwenden, lohnt sich in jedem Fall: Sie erhöhen Ihre Belastbarkeit und können gegebenenfalls bereits bestehende psychosomatische Beschwerden abbauen. Falls Sie dazu neigen, sich schnell aufzuregen, könnte auch das sich im Laufe des regelmäßigen Übens positiv verändern. Sie werden möglicherweise feststellen, dass Sie nicht mehr so schnell durch die Decke gehen.

Nicht zuletzt sind alle entspannenden Übungen, die Sie tagsüber ausführen, auch im Hinblick auf einen erholsamen Nachtschlaf von großer Bedeutung.

Nachtruhe optimieren

Für viele Menschen ist es überhaupt nicht einfach, nach einem anstrengenden Arbeitstag „runterzukommen" und in einen erholsamen Schlaf zu finden. Zu viele Gedanken drehen sich im Kopf, Unerledigtes belastet, auch Sorgen und Ängste halten uns vom

Schlafen ab. Alarmierend: Seit 2010 ist die Zahl der Berufstätigen mit Schlafstörungen um 66 Prozent gestiegen, wie der DAK-Gesundheitsreport 2017 feststellte. Ganz klar: Deutschland hat ein Schlafproblem. Besonders sensible Menschen sind davon betroffen.

Dabei kann die Bedeutung einer erholsamen Nachtruhe gar nicht hoch genug eingestuft werden, denn im Schlaf leistet der Körper Großartiges: Zahlreiche Regenerations- und (Zell-)Wachstumsvorgänge sowie Reparaturprozesse bereiten ihn auf einen neuen Tag vor.

Was im Schlaf passiert

Für eine optimale Leistungsfähigkeit sollten Sie sich zwischen sechs und neun Stunden Schlaf genehmigen – davon profitieren tags darauf unter anderem Ihre Konzentration und Reaktionsgeschwindigkeit, Ihre Merkfähigkeit und Ihre Entscheidungskraft.

Um Ihren Nachtschlaf zu optimieren, können Sie in drei Bereichen aktiv werden:

- Ernährung
- Bewegung und Entspannung
- Gestaltung der Schlafumgebung

Verdauen oder schlafen? Manchmal liegt es schlicht am zu späten und zu mächtigen Essen, dass der Schlaf gestört ist. Sehr Fettiges und stark Gewürztes sollte spät abends gemieden werden, aber auch große Fleischportionen sind nicht förderlich für den Schlaf, da das darin enthaltene Eiweiß schwer verdaulich ist. Ideal sind dagegen leichte (Gemüse-)Suppen oder Gemüse mit Reis, und spätestens zwei Stunden vor dem Schlafengehen sollten Sie gar nichts mehr essen.

Nichts „Schweres" essen

Alkohol stört einen guten Schlaf erheblich, und trotzdem wird er häufig als – fragwürdiges – Mittel zur Entspannung eingesetzt. Hin und wieder ein Glas Wein oder Bier, am besten zum Essen genossen, ist in Ordnung. Doch pro Woche sollte es mindestens drei bis vier Tage ohne Alkohol geben. Vergessen Sie nicht: Alkohol ist ein Nerven- und Zellgift und belastet die Leber erheblich. Außerdem ist Alkohol tückisch: Das Einschlafen fällt so manchem leichter mit einem „Schlummertrunk" – aber die nächtliche Erholung ist dann trotzdem gestört, weil man in der zweiten Nachthälfte häufiger aufwacht. Die REM-Schlafphasen werden reduziert, was sich am nächsten Tag an Konzentrationsmangel, einer verschlechterten Gedächtnisleistung und einer Einschränkung der motorischen Fähigkeiten zeigen kann. Wenn Sie merken, dass Sie Alkohol als Mittel zum „Runterkommen" regelmäßig nutzen, ist es ratsam, sich professionelle Hilfe zu suchen. Wenn Sie Ihre Probleme mit einem Arzt oder Psychologen besprechen, wird es Ihnen besser gelingen, für Sie geeignete, gesunde Lösungen zu finden. Bedenken Sie immer: Kein Job der Welt ist es wert, dass Sie dafür Ihre Gesundheit stark gefährden!

Ebenfalls ungünstig ist der regelmäßige Gebrauch von Beruhigungs- und Schlafmitteln. Der Medikamentenmissbrauch steigt hierzulande an, viele Menschen verordnen sich selbst frei verkäufliche Psychopharmaka. Das ist heikel, denn diese Medikamente greifen in die Hirnstruktur ein und verändern die Architektur des Schlafes. Unser Rat: Gehen Sie lieber zum Arzt, wenn Sie unter Schlafstörungen leiden, und lassen Sie die möglichen Ursachen abklären.

Wenn Sie rauchen, sollten Sie außerdem Folgendes bedenken: Tabak ist ein Stimulans und kann die nächtliche Erholung erheblich stören. Aus zahlreichen Gründen ist es gerade für Frauen ratsam, das Rauchen einzuschränken. Vielleicht gelingt es Ihnen sogar, sich zu einem Raucherentwöhnungskurs durchzuringen? Diese von den Kassen finanzierten Kurse haben eine beachtliche Erfolgsquote!

Sport hilft dabei, abzuschalten und den Tag hinter sich zu lassen. Bewegung und Entspannung Damit der Organismus „runterfahren" kann, sollten Sie jedoch zwei Stunden vorm Schlafengehen keinen Sport mehr treiben. Ein Spaziergang kann dagegen sehr hilfreich sein.

Nutzen Sie die Stunde vorm Zubettgehen für bewusstes Entspannen beispielsweise durch Meditation, was nachweislich die Atmung und den Herzschlag beruhigt. Das Einschlafen wird auch durch leichte, angenehme Lektüre befördert. Keinesfalls sollten Sie hingegen in unerledigten Akten herumblättern! Sehr förderlich für einen guten Schlaf ist es, möglichst immer zur selben Zeit ins Bett zu gehen und aufzustehen.

Ihr Schlafzimmer sollte aufgeräumt und sauber sein. Machen Sie Schlafumgebung diesen wertvollen Raum zu einem Ort, an dem Sie sich vollkommen wohlfühlen und loslassen können. Es versteht sich von selbst, dass Unerledigtes, Störendes oder Belastendes wie Arbeitsunterlagen und Wäscheständer hier nichts zu suchen haben. Außerdem sollte Ihr Wohlfühlzimmer frei sein von elektronischen Geräten wie Fernseher, Handy oder Laptop. Blaues Licht, wie das eines Handy-Displays, senkt den Spiegel des Schlafhormons Melatonin. Sie sollten daher auch E-Mails und Co. wenn möglich nicht vorm Schlafengehen abrufen.

Gönnen Sie sich so oft wie möglich „digitalfreie Zeiten". Nutzen Sie Ihre Freizeit, um in die Natur zu gehen – das ist erwiesenermaßen das beste Entspannungsmittel und ganz kostenfrei. Es muss ja nicht gleich der Wald sein, ein Spaziergang im Park tut es auch. Wenn es an ruhiger Umgebung mangelt, nutzen Sie am besten Ohrstöpsel. Lichtabweisende Vorhänge oder eine Augenmaske können ebenfalls hilfreich sein, um ein- und durchzuschlafen.

Die Temperatur im Schlafzimmer sollte weder zu kalt noch zu warm sein. Oft halten kalte Füße vom Einschlafen ab, dann hilft ein Fußbad – oder man zieht einfach weiche Kuschelsocken an. Auch Düfte wie Lavendel können beim Einschlafen helfen.

Zu viele Termine? Wenn Sie an all dies gedacht haben, es aber mit dem Ein- und Durchschlafen nicht besser wird, sollten Sie sich fragen, ob Sie möglicherweise einfach zu viel arbeiten und sich zu stark mit Terminen belasten. Überlegen Sie dann, wo Sie Ihr Pensum reduzieren können.

Aufschreiben statt grübeln Wenn Sie nachts wach liegen und ins Grübeln kommen oder die Gedanken sich aufschaukeln, hilft es möglicherweise, Stift und Zettel auf dem Nachttisch bereitliegen zu haben. Statt sich im Bett herumzuwälzen, schreiben Sie lieber auf, was Sie morgen oder demnächst angehen wollen, damit Sie den Kopf wieder freibekommen. Probleme können Sie in der Nacht ohnehin meist nicht lösen, sondern Sie müssen sie tagsüber angehen. Wenn es jedoch schwerwiegende Themen sind, die Sie belasten, sollten Sie professionelle Hilfe in Anspruch nehmen.

Als sofortige Gegenmaßnahme, wenn sich das Gedankenkarussell immer weiter dreht, haben sich Atemübungen oder eine Meditation bewährt. Auch die folgende Übung – eine „Reise durch den Körper" – kann helfen.

 Zum Loslassen: „Ich trage Ruhe in mir"

Legen Sie sich für diese Übung auf den Rücken auf eine Yoga- oder Isomatte; ein Teppich tut es auch. Führen Sie dann die folgenden Schritte durch:
- Strecken Sie alle Gliedmaßen aus, gähnen Sie herzhaft.
- Ziehen Sie die Beine heran, legen Sie die Hände locker auf die Knie und rollen über den unteren Rücken vor und zurück; dann seitlich, dann im Kreis herum, sodass Ihr unterer Rücken auf der Matte massiert wird. Dabei ganz natürlich weiteratmen.
- Anschließend wieder flach auf den Boden legen, die Hände locker auf dem unteren Bauch ablegen, die Ellenbogen liegen bequem auf der Matte.

- Reisen Sie jetzt langsam in Gedanken durch Ihren Körper hindurch, vom Zeh bis zum Scheitelpunkt.
- Beobachten Sie: Gibt es irgendwo einen Bereich, wo Sie noch Spannung herauslösen können, die Muskeln lockern können? Manchmal hilft es, diese Region anzuspannen und wieder zu lösen.
- Zum Schluss sagen Sie sich in Gedanken den Satz: „Ich trage Ruhe in mir, ich trage in mir die Kräfte, die mich stärken."

Diese Übung können Sie vorm Schlafengehen durchführen, aber auch zu jeder anderen Tages- oder Nachtzeit, wenn Sie sich von Ballast befreien wollen.

Auch wenn Sie alle Ratschläge beachten, kann es vorkommen, dass Sie einmal nachts wach liegen und die Gedanken sich schon eine ganze Zeit lang hochschaukeln. Dann ist es besser aufzustehen. Sie können zum Beispiel ein Glas Wasser trinken und sich mit Lesen ablenken. Oft finden Sie anschließend doch noch in den Schlaf. Entlastend kann es auch sein, sich klarzumachen, dass es weniger auf die Dauer als auf die Qualität des Schlafes ankommt, um am nächsten Tag fit zu sein!

Aufstehen statt wach liegen

Schlafhygiene

Wie steht es um Ihre Schlafhygiene? Haben Sie alle Tipps zu Ernährung, Bewegung und Entspannung schon umgesetzt und schlafen Sie hervorragend? Dann gratulieren wir Ihnen herzlich und freuen uns für Sie!

Wenn Sie aber noch etwas verbessern können, setzen Sie zwei oder mehr der oben genannten Anregungen um. Beobachten Sie, wie sich Ihr neues Verhalten auswirkt. Viel Erfolg!

Hier können Sie notieren, welche Anregungen Sie umsetzen möchten:

_____

_____

_____

— —

Was hindert Sie daran, Ihre Ziele zu erreichen?

Dranbleiben – wie schafft man das?

Alle fünf Teilnehmerinnen sind sich einig, dass noch viel zu tun ist, um das jeweilige individuelle Ziel zu erreichen. Während sie nun hier zusammensitzen, sind sie hoch motiviert und möchten unbedingt mit dem ersten Schritt beginnen.

Doch daneben ist noch eine andere Energie im Raum spürbar. Einige der Frauen hatten in der Vergangenheit ja durchaus schon versucht, sich zu verändern. Leider sind sie aber an irgendeinem Punkt nicht weitergegangen. Daher stellt Gaby jetzt ganz offen die Frage, die wahrscheinlich vielen gerade im Kopf herumschwirrt: „Carmen und Karin, wie stellen wir eigentlich sicher, dass wir auch wirklich dranbleiben? Meine Erfahrung ist, dass ich am Anfang immer hoch motiviert bin und das Gefühl habe, endlich zu wissen, was genau ich möchte und was ich verändern muss. Dann hält dieses Gefühl einige Tage an und ich gehe auch erste Schritte, aber irgendwann schleicht sich die Gewohnheit doch wieder ein und, ohne dass ich es bewusst bemerke, mache ich so weiter wie bisher. Das ärgert und frustriert mich immer sehr, denn es ist für mich ein erneuter Beweis, dass ich einfach nichts verändern kann. Kennt ihr das auch?" Die meisten der Frauen nicken ihr zustimmend zu.

Das ist genau die Frage, auf die wir Coaches gewartet haben, denn das soll heute ein weiteres Thema im Coaching sein: Was kann auf dem Weg der Umsetzung eigentlich alles passieren und aus welchen Gründen könnte die Veränderung möglicherweise stagnieren? Wir machen den Vorschlag, erst einmal alle möglichen Hindernisse, Hürden und Gründe, warum es nicht weitergehen könnte, zu sammeln und uns dann entsprechende Gegenmaßnahmen auszusuchen.

Im gemeinsamen Brainstorming werden von den Teilnehmerinnen dann die folgenden Punkte genannt:

Mögliche Hindernisse

- *Das Ziel ist nicht konkret genug definiert und daher weiß man nicht, was genau zu tun ist.*
- *Man nimmt sich zu viele Dinge auf einmal vor und verstrickt sich dabei.*
- *Das eigene Ziel verändert sich und ist nicht mehr attraktiv.*
- *Die einzelnen Schritte der Umsetzung sind einfach zu groß.*
- *Man nimmt sich nicht die Zeit, etwas zu verändern – der Alltag frisst einen auf.*
- *Man ist nicht motiviert und möchte seine Routine weiterleben.*
- *Es fehlt der Biss, um dranzubleiben.*
- *Man lässt sich von Rückschlägen demotivieren.*

Wir belassen es erst einmal bei diesen Punkten, möglicherweise wird später noch ein anderer, neuer Aspekt hinzukommen. Julia meldet sich kurz zu Wort und sagt: „Ich finde es sehr interessant, was gerade bei mir passiert. Obwohl ich mich ja eigentlich über diese ganzen möglichen Hindernisse nicht freuen sollte, da das ein oder andere mich selbst immer wieder blockiert, bin ich trotzdem erleichtert. Es tut mir sehr gut, das einfach mal auszusprechen und es auf dem Flipchart zu sehen. Diese Hindernisse werden dadurch greifbarer und sie „schrumpfen" in gewisser Weise. Wenn wir es jetzt noch schaffen, Lösungen für diese Blockaden zu finden, dann bin ich wirklich glücklich."

Diesen Gedanken nehmen wir sehr gerne auf und überlegen uns gemeinsam mit den Teilnehmerinnen Auflösungsstrategien für die einzelnen Blockaden und Hindernisse.

Das Ziel ist nicht konkret genug definiert

Ein Ziel konkret bzw. spezifisch im Sinne der SMART-Formel zu definieren, ist nicht leicht. Oftmals begnügen wir uns damit, etwas ungefähr zu beschreiben: „Ich möchte irgendwann einmal mehr Verantwortung im Job übernehmen." „Ich würde gerne eine bessere Work-Life-Balance leben." „Es wäre schön, einen Job zu haben, in dem ich mich mehr wiederfinden kann." ...

Was genau ist zu tun? Wenn wir uns mit diesen Formulierungen zufriedengeben und dann am Montagmorgen den ersten sinnvollen Schritt hin zu unserem neuen Ziel beschreiten möchten, dann werden wir feststellen, dass wir gar nicht wissen, was genau zu tun ist. Und weil wir sowieso schon sehr viel zu tun haben und nicht genau wissen, was wir heute für unsere Veränderung tun können, machen wir gar nichts, um unserem Ziel näher zu kommen.

Lösung: Auch wenn es Zeit kostet und anstrengend ist, es führt kein Weg daran vorbei, dass wir uns ein konkretes Ziel setzen. Weil das manchmal gar nicht so einfach ist, lässt sich auch als Ziel definieren, in den nächsten Wochen erst einmal an der konkreten Zielsetzung zu arbeiten. Wenn Ihnen das gar nicht gelingt, kann es sinnvoll sein, eine gute Freundin oder einen anderen Vertrauten zu bitten, mit Ihnen gemeinsam über eine konkrete Zielsetzung nachzudenken.

Man nimmt sich zu viele Dinge auf einmal vor

Es kann sein, dass Sie denken: „Jetzt habe ich schon viele Jahre keine einzige Veränderung durchgeführt und es gibt so viel für mich zu tun. Ich möchte alles schnellstmöglich angehen, das Leben ist kurz!" Doch Vorsicht: Es gibt einen schönen Spruch, der besagt

„Die Energie fließt immer da, wo wir im Leben den Fokus setzen." Im Umkehrschluss bedeutet das, je mehr Ziele wir parallel anstreben, desto weniger Energie bleibt für jedes einzelne Ziel. Daher ist es sehr sinnvoll, verschiedene Ziele nicht parallel, sondern nacheinander anzugehen.

Lösung: Vielleicht haben Sie die Befürchtung, dass Ihnen die guten Ideen und Ziele wieder verloren gehen, wenn Sie sie nicht sofort umsetzen. Dann nehmen Sie sich am besten ein Blatt Papier und notieren darauf alle Ideen.

Ideen festhalten

Konzentrieren Sie sich nun zunächst auf ein einziges, klares Ziel, bis Sie dieses erreicht haben. Wenn es so weit ist, sollten Sie sich angemessen dafür belohnen und das Erreichte wertschätzen.

Auf ein Ziel konzentrieren

Wenn Sie trotzdem bemerken, dass Sie immer wieder zwischen verschiedenen Zielen hin- und herspringen, dann sollten Sie sich ernsthaft die Frage stellen, ob das ursprüngliche Ziel für Sie auch wirklich attraktiv ist. Vielleicht schlägt Ihr Herz einfach nicht dafür und die Motivation reicht nicht aus.

Das eigene Ziel verändert sich und ist nicht mehr attraktiv

Um ein Ziel zu erreichen und dafür viele, vielleicht auch beschwerliche Schritte zu gehen, und das manchmal über längere Zeit, muss dieses Ziel emotional aufgeladen sein. Dafür steht das „A" in der SMART-Formel – die Attraktivität des Ziels. Auch hier ist es wichtig, immer wieder kritisch zu hinterfragen, ob das, was man ursprünglich wollte, noch immer einen Reiz hat.

Manche Menschen tun Dinge, nur um etwas abzuschließen. Das Durchhalten wird praktisch zum Selbstzweck. Sicher ist Disziplin ein wichtiger Baustein, um seinen beruflichen Weg erfolgreich zu gehen. Es ist aus unserer Sicht aber wenig sinnvoll, etwas zu tun, nur um es zu Ende zu bringen. (Berufliche) Ziele können

Durchhalten als Selbstzweck?

sich im Laufe der Zeit nun einmal verändern. Dafür gibt es viele Gründe.

Vielleicht ist das Jobprofil oder das Unternehmen, das Sie anstreben bzw. für das Sie gerne arbeiten möchten, nach näherem Kennenlernen doch nicht mehr so attraktiv. Vielleicht hat sich auch einfach Ihre Lebenssituation verändert und mittlerweile passt die Karriere gar nicht mehr zu Ihren sonstigen Plänen. Oder aber, Sie haben ein Jobprofil kennengelernt, das Ihnen zuvor noch gar nicht bekannt war und das viel attraktiver ist als das, was Sie aktuell anstreben. Veränderungen sind auch hier jederzeit möglich.

Strategie, um nie anzukommen

Allerdings sollten Sie sich selbst kritisch hinterfragen, wenn Sie feststellen, dass es für Sie fast jede Woche oder jeden Monat eine Veränderung gibt. Das ist nicht nur sehr anstrengend für Sie, sondern könnte auch eine unbewusste Strategie sein, um nie anzukommen. Auch das kann viele Ursachen haben, denen Sie auf den Grund gehen sollten.

Lösung: Wenn Sie bemerken, dass Ihr Ziel für Sie nicht mehr attraktiv ist, dann raten wir Ihnen, nicht sofort aufzugeben, sondern Ihr Empfinden für das Ziel in den nächsten Tagen noch einmal kritisch zu beobachten. Vielleicht sprechen Sie auch mit Freunden und stellen sich die Frage, was genau sich eigentlich geändert hat, dass dieses Gefühl bei Ihnen nicht mehr vorhanden ist.

Nichts überstürzen

Wenn Sie handfeste Gründe dafür finden, warum Ihr Ziel für Sie an Attraktivität verloren hat, dann ist es tatsächlich sinnvoll, das Ziel neu zu definieren. Wenn Sie aber bemerken, dass die Gründe sehr schwammig sind, und Sie selbst noch nicht wirklich verstehen, was passiert ist, dann sollten Sie sich dafür noch etwas mehr Zeit nehmen. Möglicherweise sind Ihre Zweifel nur eine Reaktion darauf, dass Sie konsequent und mit etwas Anstrengung die eigene Komfortzone verlassen.

Die einzelnen Schritte der Umsetzung sind einfach zu groß

Auch das passiert häufig: Wir sind total motiviert, weil wir endlich wissen, was genau wir verändern möchten. Das Ziel ist klar definiert, und anstatt nun kleine Schritte Richtung Veränderung zu gehen, wollen wir gleich mit Siebenmeilenstiefeln voranschreiten. Wir möchten keine Minute unseres Lebens in der alten Situation verharren, sondern schnell weiterkommen.

Dabei bedenken wir oftmals nicht, dass wir uns nicht 24 Stunden am Tag mit der Veränderung beschäftigen können, weil unser Alltag mit all seinen Verpflichtungen parallel weiterläuft. Frust stellt sich ein, wir hinken unserem Umsetzungsplan heillos hinterher. Wenn wir Pech haben, endet das damit, dass wir alles hinschmeißen.

Lösung: Es kann durchaus sein, dass Sie beim Definieren der Umsetzungsschritte zu ambitioniert waren. Manchmal brauchen wir erst das Feedback aus dem Alltag, um zu wissen, wie viel wir uns an einem Tag vornehmen dürfen. Das ist genauso, wie wenn Sie sich in einem Fitnessstudio einen Trainingsplan zusammenstellen lassen: Erst einmal muss überprüft werden, wo genau Sie stehen und was man Ihren Muskeln, Sehnen und Bändern zumuten darf.

Feedback aus dem Alltag

Erlauben Sie sich also, Ihre Schritte zum Ziel noch einmal kritisch zu hinterfragen, und passen Sie dann Ihren „Trainingsplan" den tatsächlichen Anforderungen an. Reduzieren Sie im Zweifelsfall lieber Ihre To-dos und nehmen Sie sich weniger vor. Letztlich zählt nicht, in kurzer Zeit viel zu tun, sondern nachhaltig dranzubleiben. Und das wird Ihnen nur dann gelingen, wenn Sie nicht Ihren Plänen hinterherlaufen, sondern diese als gute Begleiter auf Augenhöhe wahrnehmen. Einen Marathon läuft man schließlich auch nicht im Sprinttempo, sondern man teilt sich seine Kraft gut ein. Es ist also keine Niederlage oder Schwäche, die Größe der Umsetzungsschritte zu reduzieren.

Größe der Schritte anpassen

Man nimmt sich nicht die Zeit, etwas zu verändern

Um etwas im Leben zu verändern, benötigen wir Zeit. Zeit, um eingeübte Handlungen neu zu überdenken und vielleicht zu verändern oder um etwas Neues zu integrieren. Aber genau an dieser Ressource mangelt es uns meistens. Unsere Tage sind oft komplett durchgetaktet. Daher kann es sein, dass Sie die Schritte zur Veränderung dorthin als eine zusätzliche Last empfinden.

In diesem Fall werden Sie natürlich nur dranbleiben, wenn es Ihnen gelingt, die notwendigen Schritte in den Alltag zu integrieren. Oftmals ist der Zeitmangel ein guter Grund bzw. eine Ausrede, um unbequeme Änderungen nicht anzugehen. Manchmal ist der Leidensdruck noch nicht groß genug, um einen neuen Weg zu beschreiten. Das ist völlig in Ordnung, solange Sie ehrlich zu sich selbst sind.

Ein guter Plan ist wichtig

Lösung: Alle Menschen haben gleich viel Zeit. Die Frage ist nur, wie wir diese Zeit nutzen, was wir in diesen Stunden tun. Der erste wichtige Schritt ist wieder, sich einen guten Plan zu erstellen. Wenn Ihr Alltag schon eng getaktet ist, werden Sie nur kleine Veränderungen einfügen können. Versuchen Sie, dafür kleine Zeitfenster in Ihrem Kalender zu finden. Wenn Ihnen das gar nicht gelingt, dann überlegen Sie, wie Sie sich zusätzliche Zeit schaffen könnten. Priorisieren Sie hierzu Ihre Aufgaben und setzen Sie das, was Sie verändern möchten, sehr weit nach vorne.

Man ist nicht motiviert und möchte seine Routine weiterleben

Menschen befinden sich gerne in ihrer sogenannten Komfortzone. Als Komfortzone bezeichnet man das, was einer Person gut bekannt ist. Gemeint sind die Abläufe, Prozesse und Menschen, die wir gut kennen und auf die wir uns nicht mehr einstellen müssen. Alles läuft hier seinen geregelten Gang. Das gibt uns Sicherheit, ist manchmal aber auch etwas langweilig.

Außerhalb der Komfortzone liegt zunächst der positive und dann der negative Stressbereich. Wenn Sie ein neues Ziel innerhalb Ihrer Komfortzone definieren, dann werden Sie wahrscheinlich wenig Motivation verspüren. Denn alles ist hier bereits bekannt und gesetzt. Sie lernen also nichts Neues hinzu, und das führt zur Langeweile.

Außerhalb der
Komfortzone

Anders dagegen, wenn Sie sich ein Ziel in Ihrem sogenannten positiven Stressbereich setzen. Hier findet keine Routine statt, alles ist noch Neuland. Wenn das Ziel ein für Sie passendes ist, dann stellt sich hier Motivation ein.

Außerhalb des positiven Stressbereichs folgt der sogenannte negative Stressbereich. Dieser ist häufig mit Ängsten und Befürchtungen belegt. Daher ist es keine gute Idee, Ihr Ziel hier zu platzieren. Ängste werden sich ihren eigenen Weg bahnen und dazu führen, dass Blockaden aufgebaut werden. Die Folge ist oftmals, dass man gar nicht ins Handeln kommt.

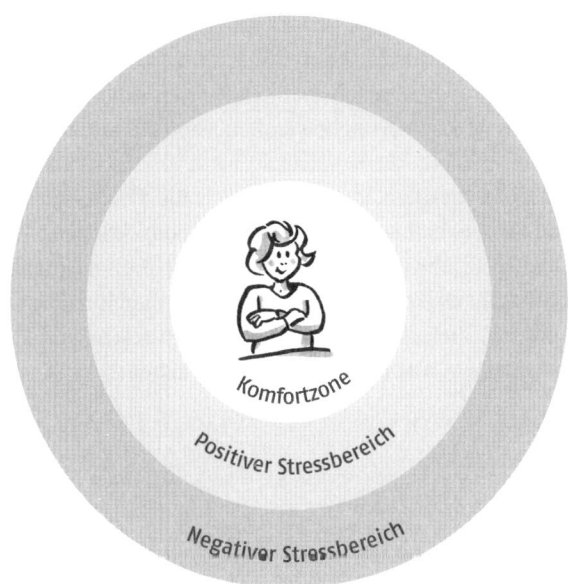

Was hindert Sie daran, Ihre Ziele zu erreichen?   **161**

Lösung: Wenn Sie bemerken, dass Sie die Schritte hin zum Ziel nicht umsetzen, dann kann es daran liegen, dass sich Ihr Ziel entweder in Ihrer Komfortzone oder im negativen Stressbereich befindet. In beiden Fällen werden Sie Ihren Weg nicht erfolgreich gehen. Überprüfen Sie daher noch einmal, ob Sie Ihr Ziel und Ihre einzelnen Schritte nachjustieren sollten.

Es fehlt der Biss, um dranzubleiben

Ja, das Thema Disziplin ist nicht ganz unwichtig. Wie lautet ein Spruch? „Die Fleißigen werden die Begabten immer überholen." Immer dann, wenn wir etwas in unserem Leben verändern möchten, werden wir uns mit Phasen auseinandersetzen müssen, in denen es richtig gut läuft, und anderen, in denen die Veränderung stagniert. Das ist völlig normal und gehört zu jedem Veränderungs- und Lernprozess dazu. Manchmal kann diese Erkenntnis schon helfen, das Thema etwas anders zu sehen.

Lösung: An etwas dranzubleiben und diszipliniert zu sein, kann man ein Stück weit lernen. Es ist kein Gen, über das man verfügt oder eben nicht. Man bleibt an etwas dran, wenn man es unbedingt haben möchte. Zunächst sollten Sie sich daher fragen, ob Sie Ihr Ziel auch wirklich erreichen wollen. Sind Sie motiviert genug?

Wenn Sie dies bejahen, dann stellt sich die Frage, mit welcher Methode Sie ausreichend Disziplin entwickeln können. Es lohnt sich, eigenen Erfahrungen aus der Vergangenheit nachzuspüren, vielleicht ergibt sich dann ein guter Ansatz. Manchmal ist es auch sehr hilfreich, die ersten kleinen Erfolge zu feiern und sich bewusst zu machen, was Sie bereits erreicht haben.

Man lässt sich von Rückschlägen demotivieren

Das Scheitern gehört immer zu einem Veränderungsprozess dazu. Vielleicht läuft es besser als gedacht, und man fällt nicht hin – wunderbar! Aber Sackgassen und Rückschläge sind völlig normal, wenn ein Verhaltensmuster, eine berufliche Tätigkeit, ein Arbeitgeber gewechselt werden. Wie sonst sollen wir uns mit den neuen Anforderungen und Themen beschäftigen, wenn ein Ausprobieren und ein Scheitern nicht auch erlaubt sind?

Scheitern gehört dazu

Der Umgang mit Rückschlägen fängt also im Kopf an: Welche Erwartungen stellen Sie an sich selbst? Gönnen Sie sich Phasen, in denen das Verändern oder Ausprobieren auch einmal zu Misserfolgen führen darf? Ist das bei Ihnen mit eingepreist?

Lösung: Gerade wenn Sie sehr perfektionistisch veranlagt sind, kann es eine sehr tief greifende und frustrierende Erfahrung sein, wenn etwas nicht gleich so läuft, wie Sie es sich gedacht haben. Rückschläge und Sackgassen als ganz normale und zugleich wertvolle Lernchancen zu sehen, ist nun eine wichtige Herausforderung, um sich diesen Hürden zu nähern. Denn wie Sie diese Hürden sehen, hängt von Ihrer Sichtweise bzw. Ihren Glaubenssätzen ab. Es liegt an Ihnen, diese Glaubenssätze zu verändern oder eben nicht.

Rückschläge als Lernchancen sehen

Nachdem Sie in eine Sackgasse geraten oder mit einem bestimmten Vorhaben gescheitert sind, ist es ebenfalls wichtig, zu analysieren, was genau dazu geführt hat und was Sie daraus für die Zukunft lernen können. Denn natürlich geht es nicht darum, Rückschläge in Serie zu begrüßen. Zu viele derartige Lernchancen möchte wohl niemand haben!

Umgang mit Blockaden und Hindernissen

Was genau hindert Sie daran, Ihre Ziele zu erreichen? Welche Blockaden und Hindernisse kennen Sie? Wie können Sie diesen begegnen?

1. Blockaden und Hindernisse sammeln
Nehmen Sie ein Blatt Papier zur Hand und listen Sie alles auf, was Ihnen zu diesem Thema einfällt – alles, was Ihnen spontan in den Sinn kommt. Bewerten Sie dabei nichts und schämen Sie sich für nichts. Sie können Ihre individuellen Hindernisse nur dann auflösen, wenn Sie sie aussprechen und dabei ehrlich zu sich selbst sind.

Vielleicht fällt Ihnen jedoch spontan gar nicht so viel ein? Dann lassen Sie das Blatt Papier in den nächsten Tagen einfach liegen und fügen Sie immer wieder einen Punkt hinzu, wenn Ihnen etwas einfällt. Denken Sie dabei insbesondere an die letzten Ziele, die Sie sich privat oder beruflich gesetzt hatten. Was genau hat Sie daran gehindert, den Weg bis zum Ende zu gehen?

2. Die größten Blockaden und Hindernisse identifizieren
Priorisieren und gewichten Sie nun die Punkte auf Ihrer Liste. Möglicherweise gibt es ein oder zwei Hindernisse, die Ihnen das Umsetzen von Veränderungen ganz besonders erschweren. Andere Hürden mögen vielleicht auch relevant sein, sind für Sie aber durchaus zu überwinden. Am besten wäre es natürlich, jede hartnäckige Hürde in Ihrem Leben anzugehen und zu verändern. Es ist aber durchaus sinnvoll, die stärksten davon zuerst zu betrachten und aufzulösen.

3. Wege finden, um Blockaden und Hindernisse aufzulösen
Nehmen Sie sich zunächst die drei größten Hürden vor. Überlegen Sie sich, was genau passieren müsste, damit diese sich auflösen. Einige inspirierende Ideen finden Sie in diesem Kapitel. Erinnern Sie sich daran, wann die Blockade das letzte Mal aufgetaucht ist und was genau Sie getan haben, um sie aufzulösen. Schreiben Sie sich Ihre Ideen auf.

Sollten Sie zu dem Ergebnis kommen, dass es Ihnen bislang noch nie gelungen ist, eine bestimmte Blockade aufzulösen, und haben Sie dazu auch selbst keine Idee, dann beziehen Sie andere mit ein. Stellen Sie guten Freunden oder anderen Vertrauenspersonen die Frage, was genau sie tun würden, wenn sie vor solch einem Hindernis stünden. Man ist manchmal sehr überrascht, wie schnell man interessante und neue Bewältigungsstrategien von anderen Menschen lernen kann. Übernehmen Sie diese Ideen aber nicht, ohne sie kritisch zu hinterfragen. Menschen sind sehr verschieden und daher eignet sich nicht für jeden die gleiche Strategie.

4. Anker setzen oder Notfallkoffer packen

Hürden und mögliche Blockaden durchdacht zu haben, ist sicher gut, doch Sie müssen im Falle eines Durchhängers auch auf die entsprechenden Strategien zugreifen können. Sie sollten sich also eine Art „Anker" oder „Notfallkoffer" zulegen, um in schwierigen Phasen schnell das Ruder wieder herumreißen zu können.

Vielleicht reicht Ihnen das Blatt Papier, auf dem Sie Ihre Ideen notiert haben. Möglicherweise gibt es aber auch ein Bild oder ein Symbol, das Sie in Sichtnähe Ihres Schreibtisches platzieren und das Sie immer wieder daran erinnert, dranzubleiben und Hindernisse als Herausforderungen zu betrachten. Auch hier ist es wichtig, dass Sie etwas finden, das zu Ihnen als Person passt.

- -

Abschied von der Coaching-Gruppe

Der Blick auf die Uhr zeigt: Das Ende der vierten Coaching-Sitzung – und damit auch das Ende der gemeinsamen Zeit – ist fast erreicht. Bald heißt es Abschied nehmen und den eingeschlagenen Weg allein weitergehen. Logisch, dass da etwas Wehmut in der Luft liegt! Doch die Vorfreude auf das Neue, auf die selbst gestaltete, vielversprechende Zukunft, überwiegt. Positive Energie erfüllt den Raum.

Wir Coaches bitten die Teilnehmerinnen, einen Moment in sich zu gehen und ein paar Minuten lang den eigenen Prozess der letzten Monate zu reflektieren. In einer abschließenden Feedback-Runde berichtet jede, was ihr jetzt gerade wichtig ist: wo sie steht, was sich bereits verändert hat, welche Themen sie aktuell beschäftigen. Was hat der Workshop gebracht, wurden die Erwartungen erfüllt? Ein spannender Moment nicht nur für die Teilnehmerinnen – auch wir Coaches freuen uns über Feedback.

Marion möchte mit der Abschlussrunde beginnen, fröhlich sprudelt es aus ihr heraus: „Nie hätte ich gedacht, dass ich einmal sagen würde: ‚Der wichtigste Mensch in meinem Leben bin ich!‘ Das wäre mir wirklich vermessen vorgekommen. Doch ich merke, dass es nicht nur mir guttut, etwas für mich zu machen, sondern auch mein Umfeld profitiert davon. Ich gehe die Dinge viel spielerischer an. Die Welt ist bunter geworden. Ob ich nun eine großartige Autorin werde oder nicht – das ist mir eigentlich gar nicht so wichtig. Ich habe verstanden, dass ich für mein Wohlbefinden selbst verantwortlich bin und dafür einiges tun kann. Mir geht es mittlerweile richtig gut." Und das sieht man auch: Marion wirkt aktiver und deutlich optimistischer als zu Beginn des Workshops.

Julia meldet sich zu Wort: „Das kann ich nur bestätigen! Irgendwann im Prozess ist bei mir der Knoten geplatzt: Ich hatte gar nicht gemerkt, welch ein Glück ich eigentlich habe mit meinem Mann und meinem Kind und dazu noch einem guten Job, Gesundheit und Geld. Ist doch verrückt, dass ich mich immer so unter Druck setze! Mein Perfektionismus bringt mir oftmals gar nichts, das habe ich gelernt. Dadurch hat sich auch die Stimmung zu Hause verbessert. Ich achte mehr auf meine Grenzen, mache rechtzeitig Pausen, ernähre mich besser – und dadurch habe ich wieder mehr Energie."

Gaby nimmt das Stichwort auf: „Mehr Energie – die spüre ich auch. Mich hat es jetzt noch einmal viel Überwindung gekostet, die entscheidenden Themen – meine finanzielle Lage und meine häufigen beruflichen Wechsel – genau anzuschauen. Doch ich merke, es hat sich gelohnt: Ich sehe klarer, was ich wirklich will, und kann so besser für mich sorgen. Interessant ist auch, dass ich weniger zu Süßigkeiten greifen muss, das macht mich wirklich glücklich." Sie schluckt und ergänzt: „Ohne die Gruppe hätte ich das nicht geschafft!"

Ein Riesenlob, dem sich Ana sofort anschließt: „Das geht mir ganz genauso! Ohne euch wäre ich nicht so schnell so weit gekommen. Wahrscheinlich hätte ich mich mit dem kleinen Job im Kosmetikstudio arrangiert und mich insgeheim selbst bemitleidet. Dafür habe ich jetzt Gott sei Dank keine Zeit. Es tut so gut, mit voller Kraft die eigenen Ziele anzusteuern und meinen Traum zu leben! Das finde ich bei dir, Evgenia, so klasse: Du lässt dir nichts sagen, und das Beste ist für dich gerade gut genug."

Evgenia grinst und winkt ab: „Na ja, manchmal ist das auch Show. Ihr wisst schon: Fake it till you make it ... Ja, was habe ich gelernt? Vielleicht hin und wieder einmal den Mund zu halten und auch mal zuzuhören. Aber lange abzuwarten, bringt nichts, finde ich. Ich muss die Dinge eben anpacken. Gerade erst habe ich mich bei einem Datingportal angemeldet. Ist doch so: Auf jeden Topf passt ein Deckel!"

Alle lachen und wünschen Evgenia viel Glück. Vermutlich wird sie es haben, denn das Glück ist mit den Mutigen.

Wir Coaches freuen uns, dass die Gruppenmitglieder so gut miteinander gearbeitet haben und regen an, den Kontakt untereinander zu halten. Die Erfahrung zeigt, dass es immer leichter ist, mit einem Sparringspartner zum Ziel zu kommen. Es schafft mehr Verbindlichkeit – und es macht einfach mehr Spaß!

Gemeinsam zum Ziel

Wohlfühlen im Job – Was heißt das heute?

In Vorbereitung des beschriebenen Workshops und dieses Buches haben wir uns umgehört und mit vielen Berufstätigen unterschiedlichen Alters gesprochen, was für sie „Wohlfühlen im Job" bedeutet. Die Antworten waren überraschend vielfältig. Sie reichten von „Wenn es guten Kaffee und immer wieder einmal ein Lob vom Chef gibt" über „nette Kollegen, viel Spaß, Entwicklungsmöglichkeiten und flexible Arbeitszeiten" bis hin zu „Hauptsache, die Kohle stimmt". Vereinzelt wurde der Wunsch nach betrieblichem Gesundheitsmanagement geäußert, mit Yogakursen und Rückzugsraum.

Generell ist zu sagen, dass sich die Haltung zur Arbeit und der Anspruch an das, was der Arbeitsplatz leisten soll, tief greifend gewandelt haben. Dabei sprechen wir von Angestellten, die der Mittelschicht aufwärts angehören: also die gut ausgebildeten, die auch über finanzielle Mittel verfügen. Im Folgenden betrachten wir einmal genauer, was die drei als X, Y und Z bezeichneten Generationen vom Arbeitsleben erwarten und was sie motiviert. Natürlich sind die Grenzen zwischen den Generationen fließend, und nicht jeder Arbeitnehmer ist ein typischer Vertreter seiner Generation. Werte, das haben wir gesehen, sind schließlich höchst individuell.

Die Generation X, das sind die nach 1965 Geborenen, die heute zwischen Mitte dreißig und Anfang fünfzig sind. Eine „funktionierende" Generation, für die Karrieremachen im Zentrum steht oder stand. Loyalität dem Arbeitgeber gegenüber und eine weitgehende

Generation X

Akzeptanz vorhandener Strukturen gelten für sie als gesetzt. Erst die Leistung, dann die Beförderung. Zufriedenheit resultiert aus dem Aufstieg, der in der Regel neben höheren Freiheitsgraden, mehr Geld und Macht auch Status-Vorteile mit sich bringt wie Firmenwagen, größeres Büro etc.

Generation Y Danach kommt die Generation Y, die Digital Natives. Generation Y – das „Y" steht für „Warum?" (engl. „why", gesprochen wie das englische Y). Dies ist die sinnsuchende Generation der zwischen 1980 und 1995 Geborenen. Für diese gut ausgebildeten Arbeitnehmer verschmelzen Beruf und Freizeit (Work-Life-Blending) stark miteinander, sodass sie nach Freiräumen im Job wie Homeoffice oder flexiblen Arbeitszeiten suchen.

Acht Millionen „Gen-Y-ler" bewegen sich zurzeit auf dem Arbeitsmarkt. Diese „Millennials", wie sie auch genannt werden, stellen zunehmend Forderungen an ihre Arbeitgeber. Kommunikativ, kooperativ und idealistisch wie sie sind, lassen sie sich mit Geld allein nicht mehr abspeisen. Flexible Arbeitszeitenmodelle, individuelle Förderungen, Wohlfühlambiente und Spaß stehen stattdessen ganz oben auf der Wunschliste. Dabei sind die Vertreter dieser Generation durchaus wettbewerbsorientiert. Hierarchien sind ihnen egal, und besonders loyal sind sie dem Arbeitgeber gegenüber auch nicht. Macht ihnen die Arbeit Spaß, sind sie jedoch sehr motiviert und bringen dann sehr gute Leistungen.

Generation Z Die nächste Generation, das heißt die der nach 1995 Geborenen, bekannt als Generation Z, drängt allmählich in den Arbeitsmarkt. Drei Millionen von ihnen sind es mittlerweile, die im Berufsleben mitmischen. Sie sind die Kinder der Generation X, haben aber mit dieser nicht mehr viel gemein. Die mit der Wirtschafts- und Finanzkrise Aufgewachsenen wollen etwas ganz anderes als die Generationen davor: Geregelte Arbeitszeiten, klare Strukturen und Sicherheit stehen für sie im Vordergrund. Unbefristete Arbeitsverträge haben einen hohen Stellenwert. Andererseits ist dies die Generation, die eine E-Mail vom Chef nach Feierabend nicht mehr liest. Loyalität zum Arbeitgeber? Fehlanzeige. Beruf und Privatleben sind glasklar getrennt. Sie grenzen sich völlig ab, auch aus Sorge, ausgenutzt zu werden. Denn Arbeiten ist für die Generation „mobile only" längst von überall und rund um die Uhr möglich – da hilft nur Abgrenzung, wenn man nicht im Hamsterrad enden will.

Diese Generation hat ständig vor Augen, wie die Y-ler sich zwischen Job, Familie und Freizeit zerreiben. Für sie stehen Spaß und nette Kollegen, Lebensqualität und Gesundheit im Vordergrund. Die Z-ler brauchen keine verordneten oder betrieblichen Gesundheitskurse – die gehören für sie automatisch zum Alltag dazu. Wir haben es mit einer Generation zu tun, die Informationen schnell aufnimmt, zugleich aber weniger reflektiert, schneller abgelenkt ist und kaum Durchhaltevermögen besitzt. Pragmatisch, realistisch und fast ein wenig resigniert. Dafür entspannt und kaum Burn-out-gefährdet.

Wohlfühlen am Arbeitsplatz steht für die Z-ler ganz oben auf der Wunschliste. Wie von ihren Helikopter-Eltern wollen sie auch von ihrem Arbeitgeber ständig Lob und Feedback erhalten – und sie erwarten eine gemütliche Atmosphäre, klein und überschaubar. Wichtig sind ihnen klare Absprachen, spannende Projekte und flache Hierarchien. Sie wissen, dass sie als Mitarbeiter Mittel zum Zweck sind – und binden sich emotional nicht. Loyalität kann so nicht entstehen. Wenn sie das Gefühl haben, das passt nicht, sind sie im Handumdrehen weg.

Wohlfühlen am Arbeitsplatz

Eine Studie des Kienbaum Institut@ISM hat ergeben, dass nur noch ein Fünftel der Hochschulabsolventen eine klassische Karriereorientierung haben, für über 70 Prozent ist die eigene „Work-Life-Family-Balance" das wichtigste Eigenmotiv. Werte wie Gesundheit (46,4 Prozent), Reisen (30,4 Prozent) und Selbstverwirklichung (23,3 Prozent) haben die Werte Reichtum (1 Prozent), Genuss und Konsum (4,3 Prozent) sowie Entlohnung mit Boni & Firmenwagen (7,2 Prozent) auf die hinteren Plätze verwiesen. Am Arbeitsplatz wird das Bedürfnis nach freundschaftlichen Verhältnissen größer, gewünscht werden eine positive Grundstimmung, ein angenehmes, kollegiales Arbeitsklima und regelmäßiges wie zeitnahes Feedback.

Was bedeutet das für Unternehmen?

Mitarbeiter, denen Familie, Freunde und Freizeit deutlich wichtiger sind als Karriere und Geld, die sich in der Arbeit selbstverwirklichen und wohlfühlen wollen – was bedeutet das genau für die Unternehmen hinsichtlich Mitarbeitergewinnung, Führungskultur und Mitarbeitermotivation?

Unter Erhöhung des Wohlbefindens am Arbeitsplatz verstehen viele Unternehmen immer noch die Errichtung eines Fitnessraums oder Obstschalen statt Konferenzkekse. Das wirkt nicht selten unbeholfen und nicht wirklich interessiert am Wohlergehen des Einzelnen. Vielmehr kommt beim Arbeitnehmer an: „Wir tun etwas für deine Gesundheit, damit wir deine Arbeitskraft maximal ausnutzen können." Ist die Absicht so klar, wird sich der Mitarbeiter tendenziell eher weniger wohlfühlen – die Maßnahme wirkt schädlich.

Trendberuf Feelgood-Manager

Dann gibt es Unternehmen, die sich mehr Mühe geben, indem sie beispielsweise einen „Feelgood-Manager" oder „Chief Happiness Officer" einstellen. In Deutschland gibt es mittlerweile etwa 70 solcher Wohlfühl-Manager, in den USA, speziell im Silicon Valley, wo der Trendberuf herkommt, sind es deutlich mehr.

Feelgood-Manager sollen mit verschiedenen Maßnahmen dafür sorgen, dass sich das Arbeitsklima im Unternehmen verbessert. Das ist natürlich nicht mit ein bisschen „Bespaßung" der Mannschaft zu bewerkstelligen. Es geht um stimmige und glaubwürdige Kommunikation nach innen und außen, um Transparenz, um Fairness und Respekt. Und hier sind wir wieder beim Thema Werte: Diese müssen definiert und nach außen kommuniziert werden – und gelebt werden.

Alles beim Alten also? Möglicherweise hatte so manches Unternehmen in früheren Zeiten trotz stärker ausgeprägter Hierarchien ein besseres Werteverständnis und auch bessere Arbeitsprozesse, die den Freiraum ermöglichten, der damals wie heute Nährboden für Innovationen ist.

Heute steckt hinter der Etablierung von Wohlfühlstrukturen in Unternehmen vor allem die Notwendigkeit, die besten Kräfte zu finden und länger zu binden. So zahlt das Wohlfühlmanagement auf die Unternehmensziele ein.

Werden Sie Ihr eigener Feelgood-Manager!

Dass Unternehmen sich zunehmend um die Verbesserung der Arbeitsatmosphäre kümmern und um den Ausgleich der Interessen von Unternehmensführung und Mitarbeitern, ist sicher eine gute Sache. Andererseits kann natürlich auch der einzelne Mitarbeiter viel für sein Wohlbefinden und das seiner Kolleginnen und Kollegen tun. „Werden Sie Ihr eigener Feelgood-Manager!" ist daher auch die Aufforderung, die wir Ihnen, liebe Leserin, lieber Leser, gern mit auf den Weg geben wollen.

Ein Unternehmen können Sie wechseln, aber sich selbst nehmen Sie überall hin mit! Entwickeln Sie daher Ihr eigenes Wohlfühlprogramm, und nutzen Sie alle Möglichkeiten, damit Sie sich so richtig wohl in Ihrer Haut und in Ihrem Job fühlen. Auf diese Art wird es Ihnen auch gelingen, Schritt für Schritt die für Sie passende Work-Life-Balance zu finden. In diesem Buch haben Sie viele Anregungen und Übungen dazu erhalten.

Es gibt noch etwas, das Ihnen dieses Buch vor Augen führen sollte: Am Arbeitsplatz treffen unterschiedlichste Charaktere, Mentalitäten, Wünsche und Haltungen aufeinander. Versuchen Sie, sich in Ihre Kolleginnen und Kollegen ein wenig einzufühlen – das macht die Zusammenarbeit leichter. Empathie, also Einfühlungsvermögen, ist zwar ein strapaziertes Wort, im Berufsalltag aber auch ein

Erfolgsfaktor Empathie

zunehmend wichtiger Erfolgsfaktor. Was denkt und fühlt der andere, was motiviert ihn – und wie wird er sich verhalten? Um das gut einschätzen zu können, hilft die Kultivierung der Selbstwahrnehmung: in sich hinein spüren, die eigenen Bedürfnisse wahrnehmen und angemessene Wege finden, diese zu äußern.

Interessant finden wir die Ergebnisse einer internationalen Studie zum Thema „Glück am Arbeitsplatz". Der Personaldienstleister Robert Half befragte 23.000 Angestellte in Deutschland, Großbritannien, Frankreich, Belgien, den Niederlanden, Kanada, den USA und Australien. Heraus kam, dass Angestellte in Deutschland zufriedener sind als in anderen Ländern. Besonders happy sind sie in Unternehmen mit wenigen Mitarbeitern, wo es selbstredend keinen Feelgood-Manager gibt und auch keine eigene Kantine – und wo eher bescheidenere Gehälter gezahlt werden. Aber was genau macht deutsche Angestellte denn so glücklich? Es sind der faire und respektvolle Umgang miteinander und die guten kollegialen Beziehungen untereinander. Auch höhere Freiheitsgrade sowie der Stolz auf das Unternehmen spielen eine Rolle – und dieser wiederum ist abhängig von der Identifikation mit dem Unternehmen und seinen Produkten.

Erfolgsfaktoren Robert Half hat sechs Erfolgsfaktoren ausgemacht, die dazu beitragen, dass sich Menschen an ihrem Arbeitsplatz wohlfühlen:
1. **Der richtige Job:** Unternehmen und Mitarbeiter müssen zusammenpassen, die Unternehmenskultur muss stimmig sein, und die Aufgaben müssen zu den Qualifikationen und Interessen des Mitarbeiters passen.
2. **Viel Verantwortung:** Entscheidungen treffen zu dürfen und Einfluss zu haben, sind wichtige Aspekte bei der beruflichen Zufriedenheit. Das Gleiche gilt für Gestaltungsfreiheit (Kreativität).
3. **Wertschätzung:** Konstruktives Feedback und ehrliche Anerkennung der Leistungen sind Treiber für berufliche Zufriedenheit.
4. **Sinnhaftigkeit:** Stolz auf das Unternehmen zu sein, für das man arbeitet, und einen Sinn in seiner Tätigkeit zu sehen, ist welt-

weit der wichtigste Faktor für Glück am Arbeitsplatz. Doch nur 60 Prozent der deutschen Arbeitnehmer sind tatsächlich stolz auf ihren Arbeitgeber!

5. **Fairness und Respekt:** Nur sieben Prozent derjenigen, die im Job ein hohes Maß an Fairness und Respekt erfahren, planen, ihren Job in den nächsten Monaten zu wechseln.

6. **Positives Arbeitsklima:** Eine gute Arbeitsatmosphäre und ein freundliches, achtsames Klima am Arbeitsplatz sorgen für Spaß, Innovation und bessere Ergebnisse.

36 Prozent der Befragten sieht die Verantwortung für das Glück am Arbeitsplatz beim Arbeitgeber. Knapp die Hälfte (46 Prozent) nimmt sowohl Arbeitgeber als auch Arbeitnehmer in die Pflicht. Nur knapp jeder Fünfte findet, dass die Hauptverantwortung beim einzelnen Mitarbeiter selbst liege.

Wie sehen Sie das? Sicher haben Arbeitgeber eine gewisse Verantwortung. Dennoch sollte Ihnen dieses Buch gezeigt haben, dass Sie selbst eine Fülle an Möglichkeiten haben, positive Veränderungen zu bewirken und zu Ihrer eigenen Zufriedenheit beizutragen.

Wir wünschen Ihnen, liebe Leserin, lieber Leser, dass Sie den Mut und die Energie haben, Ihr Glück selbst in die Hand zu nehmen und sich auf den Weg machen – hin zu einer gesunden Work-Life-Balance, die für Sie maßgeschneidert ist.

Für Ihren ganz persönlichen Wohlfühljob wünschen wir Ihnen viel Erfolg und Glück!

Ihre
Karin Midwer und Carmen Schön

Literatur

Antonovsky, Aaron: *Salutogenese. Zur Entmystifizierung der Gesundheit.* Tübingen: DGVT 1997.

BKK Dachverband, Deutsche Gesetzliche Unfallversicherung, AOK Bundesverband, Verband der Ersatzkassen (Hg.): *iga.Report 31. Initiative für Gesundheit und Arbeit.* Berlin 2015.

Deutsche Gesellschaft für Ernährung (Hg.): *13. DGE-Ernährungsbericht.* Bonn 2016.

Gulder, Angelika: *Finde den Job, der dich glücklich macht. Von der Berufung zum Beruf.* 3. Aufl. Frankfurt a. M.: Campus 2013.

Half, Robert (Hg.): *Die Zeit ist reif. Glücklich arbeiten.* Frankfurt a. M. 2017.

Kabat-Zinn, Jon: *Im Alltag Ruhe finden. Meditationen für ein gelassenes Leben.* München: Knaur 2010.

Kienbaum Institut@ISM für Leadership & Transformation (Hg.): *Arbeitest du noch oder lebst du schon?* Dortmund 2017.

Pronova BKK (Hg.): *Betriebliches Gesundheitsmanagement 2016.* Leverkusen 2016.

Reiss, Stephen: *Das Reiss Profile. Die 16 Lebensmotive. Welche Werte und Bedürfnisse unserem Verhalten zugrunde liegen.* 4. Aufl. Offenbach: GABAL 2009.

Schön, Carmen: *Karriere-DNA. Warum Glück im Job kein Zufall ist.* Hallbergmoos: Stark 2011.

Selye, Hans: *Stress beherrscht unser Leben.* Düsseldorf: Econ 1957.

Sher, Barbara: *Ich könnte alles tun, wenn ich nur wüsste, was ich will.* München: dtv 2011.

Storm, Andreas, Vorsitzender des Vorstands der DAK Gesundheit (Hg.): *Gesundheitsreport 2017.* Hamburg 2017.

Tausch, Reinhard: *Hilfen bei Stress und Belastung.* 15. Aufl. Reinbek bei Hamburg: Rowohlt 2007.

Techniker Krankenkasse Hamburg (Hg.): *Beweg dich, Deutschland!* TK-Bewegungsstudie 2016.

Techniker Krankenkasse Hamburg (Hg.): *Entspann dich, Deutschland! TK-Stressstudie 2016.*

Temelie, Barbara: *Mit der 5-Elemente-Ernährung zur Wohlfühlfigur.* München: Knaur 2009.

Wagner-Link, Angelika: *Verhaltenstraining zur Stressbewältigung. Arbeitsbuch für Therapeuten und Trainer.* Stuttgart: Klett-Cotta 2010.

Register

A

Arbeitgeber 12, 15, 58f., 65,
68f., 98f., 104, 163, 169,
170f., 175

B

Bewegung 46, 61, 77, 93, 110,
112ff., 143, 145, 147, 149,
151, 153
Bewegungsmangel 42, 77,
112ff.

D

Disziplin 90, 107, 130, 157,
162

E

Eigenverantwortung 89, 90
Empathie 96, 104, 142, 173
Engagement, ehrenamtliches
91f.
Entscheidung 63f., 71f., 86,
95ff., 132, 148, 174
Entspannung 23, 36f., 40, 67,
110ff., 131, 134, 143ff., 153,
171
Entspannungstechnik 148

Erfolgsteam 46, 130, 167
Ernährung 42, 46, 110, 115,
116ff., 121f., 126, 128, 149,
153
Ernährungsregeln 118ff.
Expertin 96, 107

F

Familie 9, 10, 15, 17, 18, 21,
23, 25, 28, 31f., 34f., 41,
44, 50f., 57ff., 78ff., 82,
85, 91, 92, 98ff., 129, 171,
172
Führungskraft 47, 62f., 71,
96f., 102, 105, 107, 137,
144

G

Geld 9, 11ff., 17f., 21, 23, 25,
29, 31f., 35, 41, 44, 46, 47,
67, 69f., 78, 81, 90, 91,
97ff., 126, 129, 166, 167,
169, 170, 172
Generation 50, 169ff.
Gesundheit 7, 21, 23, 25, 31f.,
36, 38ff., 46, 82, 83, 85ff.,
92f., 113f., 116ff., 122, 126,
129f., 145f., 150, 166, 171f.,
175

Die Autorinnen

Die Karriereberaterin und Buchautorin Carmen Schön berät und coacht seit 15 Jahren Kunden in unterschiedlichen Positionen. Sie kennt die verschiedenen Kulturen und Anforderungen in Unternehmen. Die Juristin und Mitgründerin der freenet.de AG war selbst jahrelang in leitenden Positionen als Führungskraft tätig und hat einiges ausprobiert, bevor sie ihren persönlichen Feelgoodjob gefunden hat. Heute unterstützt sie ihre Kunden bei der Suche nach ihrem Wohlfühljob.

www.carmenschoen.de

Kommunikationsexpertin Karin Midwer, M. A., verfügt über langjährige Führungserfahrung in den Medien. Als Sparringspartner motiviert und begleitet sie seit vielen Jahren Menschen dabei, ihre Ziele zu erreichen. Die erfolgreiche Stressmanagement- und Qigongtrainerin gibt ihren Klienten stärkende und alltagstaugliche Instrumente an die Hand, um mit dem Druck aus Berufs- und Privatleben besser umgehen zu können – und dabei glücklich, zufrieden, leistungsfähig und gesund zu bleiben.

www.karinmidwer.de

Whitebooks

Kompetentes Basiswissen für Ihren
beruflichen und persönlichen Erfolg

Markus Cerenak
Erfolgsfaktor
Bloggen

ISBN
978-3-86936-729-3
€ 22,90 (D)
€ 23,60 (A)

Johannes Stärk
Assessment-Center
erfolgreich
bestehen

ISBN
978-3-86936-184-0
€ 29,90 (D)
€ 30,80 (A)

Jörg Baumhauer, Carsten Schmidt
Kleinunternehmen führen und organisieren
ISBN 978-3-86936-733-0
€ 29,90 (D) / € 30,80 (A)

Jochen Baier
Körpersprache
ISBN 978-3-86936-731-6
€ 19,90 (D) / € 20,50 (A)

Brian Tracy, Christina Stein
Finde deine innere Balance
ISBN 978-3-86936-762-0
€ 19,90 (D) / € 20,50 (A)

Hans-Jürgen Kratz
Führungsrollen
ISBN 978-3-86936-763-7
€ 29,90 (D) / € 30,80 (A)

Hartmut Laufer
Motivierend delegieren,
kontrollieren, kritisieren
ISBN 978-3-86936-764-4
€ 24,90 (D) / € 25,60 (A)

Monika A. Pohl
Selbstbestimmung
ISBN 978-3-86936-730-9
€ 19,90 (D) / € 20,50 (A)

Alle Titel auch als E-Book erhältlich

gabal-verlag.de

Bei uns treffen Sie Entscheider, Macher ... Persönlichkeiten, die nach vorne wollen

Seit 40 Jahren bildet der GABAL e.V. ein Netzwerk für Menschen, die sich mit Persönlichkeitsentwicklung, Weiterbildung und Führungskompetenz befassen.

„Austausch, Praxisnähe, Inspiration und Professionalität – dafür ist GABAL e.V. mit seinen Angeboten ein Garant."
(Anna Nguyen, Lecturer Universität zu Köln)

Drei gute Gründe, warum sich rund 800 Mitglieder für GABAL entschieden haben und warum auch Sie dabei sein sollten:

1. Neue Impulse, Ideen und Strategien auf regionalen und nationalen Veranstaltungen mit White Papers, Webinaren, Newsletter und Printmagazinen.

2. Sie treffen sowohl Trainer, Berater und Coaches als auch Führungskräfte und Entscheider.

3. Sie erhalten viele wertvolle Vorteile, wie das Fachmagazin wirtschaft+weiterbildung, jährlich einen Buchgutschein im Wert von 40 € und vieles mehr ...

GABAL e.V.
Budenheimer Weg 67
D-55262 Heidesheim
Fon: 0 61 32 / 509 50 90
info@gabal.de

Neugierig geworden?
Besuchen Sie uns auf
www.gabal.de